Croquis de Grèce

et de

Turquie

1896-1897

Texte et dessins

d'Henri AVELOT

ALFRED MAME ET FILS, ÉDITEURS

TOURS

CROQUIS

DE GRÈCE ET DE TURQUIE

Météores. — Couvent de Saint-Varlaam. — Mode d'ascension.

Croquis de Grèce

et de Turquie

AUTOUR DE L'ARCHIPEL

Texte et dessins

d'Henri AVELOT

———⊹✳⊹———

TOURS

ALFRED MAME ET FILS, ÉDITEURS

1897

CROQUIS

DE GRÈCE ET DE TURQUIE

I

L'empire turc est un homme malade. C'est Gortchakoff, facétieux à ses heures, qui a donné le premier au « sublime Portier de l'Orient » ce surnom peu flatteur mais juste. Si, tout dernièrement encore, le sultan, grâce à l'appui de l'Europe, a su retrouver assez de force pour vaincre les Hellènes; si les journalistes, toujours à l'affût d'un bon mot, ont cru devoir en cette occasion substituer à l'expression d' « homme malade » celle de « malade imaginaire », l'origine même de la lutte entreprise par la nation ottomane est une preuve certaine du mauvais état de son organisme, et d'ailleurs l'heureuse issue d'une crise n'annonce pas toujours la fin d'une maladie.

Depuis longtemps les puissances empressées au chevet

du Turc moribond multiplient les opérations chirur-
gicales et les traitements divers.

« Il semble, remarquait il y a une dizaine d'années un
touriste philosophe, qu'après chaque opération l'homme
malade se trouve mieux équilibré. L'amputation succes-
sive de chacun de ses membres semble avoir donné plus
de fixité à son tronc, et, l'ablation de la tête ayant été
réservée pour plus tard, il semble immuable à la façon
d'un cul-de-jatte. »

Ce cul-de-jatte malheureusement se voit en proie de
temps à autre à de terribles crises nerveuses, caracté-
risées par une folie de massacre. Des milliers de chrétiens en ont été tout récemment les victimes, en Crète
comme en Grèce et en Arménie. Le monde politique n'y
a pas d'abord attaché grande importance, et s'est contenté
d'enregistrer ces hécatombes sous la rubrique : *incident*
crétois, *incident* arménien. Les événements ont dû
s'aggraver encore pour parvenir à briser son indifférence.
Quant à l'opinion publique, demeurée en dehors des
chinoiseries diplomatiques, elle s'est indignée, dès les
premières nouvelles venues d'Orient, de ce pitoyable état
de choses. Et pourtant elle possédait sur les Ottomans,
— un vieux peuple si pittoresque, — de bien fausses
idées ; elle nourrissait contre les Hellènes, — des malins
qui retournent le roi à chaque coup, — de bien sottes et
bien fâcheuses préventions. Combien son indignation
aurait été plus vive, plus sincère, et, qui sait ? plus
féconde en résultats, si l'on avait combattu ses préventions, si l'on avait dissipé son ignorance.

L'empire turc est un homme malade. Quand mourrat-il? Quand les héritiers s'entendront sur les affaires de succession. En attendant, l'agonie se prolonge. Les Arméniens sont toujours exposés à de multiples vexations; les Crétois n'ont pas entièrement recouvré leur complète indépendance. Ne semble-t-il pas étrangement coupable de maintenir sous la domination tyrannique d'un mourant, dans l'atmosphère empestée d'une chambre de malade, des êtres jeunes, remplis de vitalité, avides de mouvement et surtout assoiffés d'air libre?

Soixante-cinq heures environ après avoir dit adieu à la ruche méridionale du vieux port de Marseille et à ses capiteux parfums de bouillabaisse, je salue la terre classique des Klephtes et des dieux. Le bâtiment des Messageries maritimes qui me porte, moi cent cinquantième, double vers midi le fameux cap Matapan, puis le non moins fameux cap Malée; au sud, l'on aperçoit Cerigo, plus connu sous le nom de Cythère. Les poètes, — heureux enfants qui ne savent pas la géographie, — s'obstinent à chanter cette île comme un éden, un nid capitonné de verdure et de roses, alors qu'elle n'offre en réalité que des croupes arides, où la végétation très clairsemée ne cache qu'avec peine la calvitie du terrain. Les loustics du bord la comparent au crâne d'un vieux beau qui « ramène ».

Derrière Cerigo se profile une autre île plus petite, Cerigotto; enfin, très lointaine et à demi voilée d'un léger poudroiement de lumière, une ligne dentelée de sommets. Séduit par des perspectives de mollesse orientale, grisé aussi par je ne sais quel mirage, l'on se plaît à dire que la vie doit être, sinon heureuse, du moins tranquille au sein de ces montagnes, sur ces roches appesanties dans une douce torpeur, énervées de bien-être et de soleil.

> L'arome chaud des pins tremble et rôde autour d'elles,
> Comme le filet bleu qui sort d'un narghilé.

Et l'on ne se doute pas que là-bas le sang coule, la poudre chante sans cesse, les chrétiens meurent chaque jour pour la plus juste des causes; l'on ne se doute pas que ces montagnes sont celles de Crète.

Écoutez la légende, si navrante et si jolie, que l'on conte aux veillées candiotes :

« Quand Dieu eut créé le monde, il mit dans une besace des pierres, c'est-à-dire des misères, des souffrances, des angoisses et des amertumes; il y mit aussi des fleurs, c'est-à-dire des consolations et des joies. En passant au-dessus de chaque pays, Dieu semait en quantités à peu près égales les pierres et les fleurs. Mais voici qu'au-dessus de la Crète, un coin du sac se rompit soudain; toutes les pierres tombèrent à la fois, et, oubliant de jeter une seule fleur, le Créateur continua sa route. Voici pourquoi la Crète a toujours été malheureuse. »

Le narrateur n'ajoute pas « et le sera toujours ».

Les Candiotes sont trop chrétiens pour se laisser ébranler par le fatalisme. Neuf fois ils ont essayé de secouer le joug trop pesant des Turcs, neuf fois ils ont vu échouer leur tentative. Cependant, toujours confiants dans le ciel et dans leurs vieux fusils, ils continuent la lutte, espérant que leur sang finira par faire germer sur le sol du pays les quelques fleurs que Dieu oublia d'y semer.

Le vapeur maintenant remonte vers le nord en longeant les côtes du Péloponèse, toutes blondes sur les bleus ardents de la mer. De loin en loin, une des Cyclades entrevue pique d'une étincelle les vapeurs mauves de l'horizon; on approche de l'Attique. Un instant l'Acropole apparaît entre les sommets du Parnès et ceux de l'Hymette, puis redisparaît derrière les montagnes. Voici l'île d'Égine, la baie de Salamine, la ville du Pirée; nous jetons l'ancre.

Dès l'entrée en rade, les bateliers du port, qui, — désillusion! — ont délaissé la fustanelle et remplacé le bonnet rouge par une casquette à un ou deux ponts, se ruent à l'assaut du bâtiment pour se disputer la clientèle des étrangers avec une folle ardeur. Ils semblent monter à l'abordage d'un bateau de transport battant pavillon turc et chargé de troupes hostiles. Le capitaine se voit forcé de refroidir l'ardeur de ces patriotes en faisant braquer sur eux de forts jets de pompe. Grâce à ces mesures énergiques, nous pouvons, sans trop de bousculade, gagner les bâtiments de la douane pour soumettre nos bagages à l'inspection de rigueur. Inspection assez rapide. Les douaniers grecs réservent leur flair investigateur pour la visite des voyageurs quittant le pays. Il leur est ordonné d'empêcher de sortir du royaume toute antiquité, telle que vase, médaille, statue ou fragment de statue, — prescription rendue nécessaire par la fureur collectionneuse des fils d'Albion. L'Angleterre compte beaucoup moins de lords Byron que de lords Elgin.

Avant de pénétrer plus avant au cœur du pays, nous pouvons juger par le Pirée de ce que peut faire chez un peuple l'énergie, l'activité, un patriotisme bien entendu et la foi en l'avenir. Chateaubriand, qui visita le Pirée en 1827, nous le décrit comme un port désert. Sur la rive, rien qu'un couvent délabré, des magasins à l'abandon, une misérable cabane de bois où un douanier turc, — sorte de Robinson administratif, — demeurait des mois entiers sans voir poindre une barque.

En 1852, sous le règne du roi Othon, le Pirée n'était encore qu'un village de quatre à cinq mille âmes, tout en magasins et en cabarets. Aujourd'hui c'est la seconde ville du royaume; elle possède plus de 35 000 habitants, des usines, des filatures, des forges, des fabriques, des entrepôts, des docks, des bureaux d'agences, et son port reçoit par an jusqu'à 2 350 navires. On y voit des rues larges et droites, des maisons blanches, une place immense décorée, en guise de statue, d' « un Périclès de pendule ».

Plusieurs fois, au milieu des forêts à peine défrichées du nouveau monde, on a eu l'exemple de villes nées ainsi du jour au lendemain; mais en Europe le cas est plus rare, pour ne pas dire unique. Il fait aux Grecs le plus grand honneur.

En face du quai de la Marine sont ordinairement mouillés « les magnanimes vaisseaux » de la flotte de guerre, et, à côté d'eux, les cuirassés de notre escadre, véritables monstres tout hérissés de mâts à tourelles et de gueules de canons.

Il y a une douzaine d'années, une mission française, sous le commandement de l'amiral Lejeune, vint en Grèce pour réorganiser la flotte. Le peuple hellène est avant tout un peuple de marins, fier des enseignements de son histoire et avide de s'instruire encore. Le travail fut donc facile pour la mission française, qui, si elle ne fit pas plus ou mieux, n'en fut empêchée que par le manque d'argent. Dans la suite, le prince Georges reprit l'œuvre

LE PIRÉE. — Un coin du port.

de l'amiral Lejeune. Aujourd'hui la flotte grecque peut à juste titre passer pour excellente, peu nombreuse, mais, ce qui est préférable, bien commandée, bien disciplinée, homogène et rapide[1]. En voici la composition :

3 cuirassés de 48 500 tonnes : le *Spetzaï*, l'*Hydra* et le *Psara*, construits en France dans les chantiers de la Loire

[1] Cette même flotte, durant la dernière guerre, aurait pu rendre de grands services, si les puissances, en opposant leur *veto*, n'avaient perpétuellement entravé son action. La Turquie a d'ailleurs montré qu'elle savait apprécier à sa véritable valeur la marine de ses ennemis, quand, dans les préliminaires de la paix, elle a fait figurer au nombre de ses conditions la cession des cuirassés grecs.

et de la Méditerranée, filant de 15 à 17 nœuds et demi à l'heure et de modèle récent (chacun de ces bâtiments peut porter 4 000 hommes d'équipage et possède un armement puissant, récemment transformé en armement à tir rapide, système Canet, par la Société des forges et chantiers de la Seyne, près Toulon, et du Havre);

Un seul croiseur, l'*Amiral-Miaoulis*, qui a eu l'honneur de tirer le premier coup de canon dans les eaux crétoises, bâtiment filant 15 nœuds à l'heure, armé de 4 canons de 17 centimètres, 4 pièces de petit calibre et 2 mitrailleuses;

29 torpilleurs, dont 11 de première classe et 1 transport-torpilleur;

4 canonnières et 2 transports;

Enfin, pour la défense des côtes : 3 canonnières, dont une cuirassée; 3 bateaux porte-torpilles, 3 bateaux-écoles et 17 bâtiments divers.

Plus nombreuse est la flotte ottomane; nous relevons sur les tableaux officiels :

7 frégates cuirassées, 7 corvettes cuirassées, 4 garde-côtes, monitors ou canonnières, 2 croiseurs, 6 avisos-torpilleurs, 33 torpilleurs, enfin 60 bâtiments divers.

Il est vrai que la plupart de ces bâtiments sont anciens et pourraient difficilement prendre la mer. Parmi les cuirassés, les uns datent de 1864, les autres de 1868; quatre d'entre eux ont été refondus en 1892, mais leur vitesse n'y a point gagné. Ils ont conservé modestement une allure moyenne de 12 nœuds à l'heure. Je ne parle que pour mémoire des *monitors*, vénérables et pittoresques échantillons d'une marine disparue, qu'un peintre orientaliste pourrait seul prendre au sérieux comme modèles. Cuirassés, monitors et vaisseaux de moindre importance sommeillent dans la Corne d'or, sans en jamais sortir. Les carènes sont alourdies par toute une végétation parasite, des tentures de mousse et des cuirasses de coquillages; un certain nombre de chaudières vendues n'ont pas été remplacées; les machines qui restent sont à demi faussées ou couvertes d'une rouille épaisse; les canons même ne sont plus à la mode : ils se chargent par la bouche, comme autrefois. Encore arrive-t-il souvent que les canonniers ne peuvent les utiliser pour des raisons inattendues. C'est ainsi qu'aux fêtes de Kiel on fut assez surpris de voir le croiseur turc ne pas exécuter les salves d'usage, de concert avec les escadres étrangères. Ce digne représentant de la Porte possédait à son bord d'énormes boulets, — d'ailleurs inutiles, — et pas le moindre atome de poudre.

Non seulement la flotte de la Corne d'or n'est guère mobilisable, mais il est certain qu'en des circonstances critiques l'embarquement des troupes ne s'opérerait qu'avec une extrême lenteur. N'ayant à leur disposition ni ponton ni passerelle, les soldats, pour se rendre à bord, doivent se faire passer, *quatre par quatre,* en de minuscules caïqs.

La direction générale de la marine appartient en ce moment à un ancien officier anglais, Woods-Pacha, conseiller supérieur des cours d'instruction; cependant l'organisation en est restée déplorable. Sur certains bâtiments, le mécanicien-chef est supérieur en hiérarchie au commandant lui-même.

« Machine en arrière! crie le commandant par le canal
du porte-voix.

— Du tout, âne bâté, machine en avant! » répond de
même le mécanicien.

Cet épisode édifiant se produit chaque jour.

Ajoutons que les matelots, s'ils sont énergiques et
résolus, — ils ont su prouver leur bravoure dans la
guerre contre les Russes, — sont, d'un autre côté, mal
exercés, et, au point de vue professionnel, d'une incapa-
cité rare. C'est une conséquence naturelle du proverbe :
Tel chef, tel subordonné. La flotte ne compte guère que
deux ou trois officiers de valeur, entre autres un Français
devenu pacha, l'ex-lieutenant de vaisseau Chaye, commandant la division des torpilleurs. Quant à l'ignorance
des officiers indigènes, elle est sans égale. Tant dans
l'armée de mer que dans l'armée de terre, on en trouve
un grand nombre qui ne savent ni lire ni écrire; entre
autres, des colonels et des généraux. Un étudiant de
Constantinople, pour me prouver jusqu'à quel point va
cette ignorance, particulièrement en matière maritime,
m'a cité l'exemple suivant, qu'il déclare authentique.

Il y a peu de temps, l'officier sorti premier de l'école
navale ottomane était chargé d'une croisière, avec ordre
formel de faire escale dans le port de Malte. Il partit.
Pendant de longs mois, ce marin consciencieux sillonna
la Méditerranée dans tous les sens, en fouilla fiévreuse-
ment les moindres recoins. Tantôt son navire était signalé
dans l'Archipel, tantôt à l'entrée de l'Adriatique, tantôt
dans le golfe de la Sidre, tantôt près de Gibraltar; un
jour sur un point quelconque des côtes barbaresques, un

autre jour dans les eaux espagnoles ou françaises. On pouvait croire à une réapparition du vaisseau-fantôme. Toujours, toujours et puis encore, — comme dans les contes de fée, — le bâtiment et l'officier, l'un portant l'autre, continuaient leur route à travers les flots, poussés par quelque mystérieuse et implacable fatalité. Un beau matin cependant on les vit revenir à Stamboul, et comme l'officier était interrogé sur sa mission :

« Je n'ai point vu Malte, dit-il avec un bel accent de conviction. Cette localité (*sic*) n'existe pas. »

En Grèce, le roi lui-même a

Le prince Georges.

la dignité d'amiral et en endosse de temps à autre le costume; mais il abandonne en grande partie la direction de la marine à son second fils nommé Georges, comme lui.

Le prince Georges est né le 24 juin 1869. Ayant suivi dans sa jeunesse les cours de l'école navale et conquis régulièrement ses grades, il a, dans la suite, perfectionné ses connaissances maritimes dans des voyages et de longs séjours en Angleterre. C'est lui qui commande, avec le titre de capitaine de frégate, la division de la défense mobile.

« Notre petit Georges, » comme l'appellent ses subordonnés, mesure plus de cinq pieds six pouces. C'est le type de l'hercule bon garçon, l'œil bleu, les cheveux blonds, la physionomie souriante et le biceps redoutable. Les sujets de son père se plaisent à le nommer ἀθλετικὸς πρίνκιψ, « le prince athlétique. » Pendant les jeux olympiens, je vis un jour les organisateurs des concours traîner avec peine au milieu du stade l'un des poids destinés à mesurer la force des athlètes. Très simplement, le prince Georges vint à leur aide, et d'une seule main, au milieu des bravos enthousiastes de la foule, souleva l'énorme masse pesant 111 kilos. Souvent le soir il se promène incognito dans les rues d'Athènes, heureux quand il peut rencontrer des aventures, heureux surtout quand ces aventures lui donnent l'occasion de défendre la faiblesse contre la force. On sait que c'est lui qui, au Japon, sauva la vie au tsar actuel, son cousin, en détournant d'un choc vigoureux le coup de sabre d'un fanatique.

Le prince Georges est très populaire, non seulement à cause de sa force musculaire et de ses formes de lutteur antique, si prisées chez les Grecs, mais encore à cause de son exquise bonhomie d'allures. J'ai pu apprécier personnellement l'aimable simplicité de sa conversation. Le prince parle français, je ne dirai pas comme un Français, mais comme un Parisien. C'est un héros d'Homère, rajeuni par Meilhac et Halévy.

Athènes est reliée au Pirée par une route longue de sept kilomètres. Le vent y soulève la poussière en tourbillons épais, dégénérant parfois en véritables trombes qui vous aveuglent et qui vous brûlent. Toute la campagne en est « poudrederizée », depuis les terrains vagues des faubourgs jusqu'aux marais voisins de Phalère, et les agaves qui ombragent (?) le bord des fossés ont la pointe de leur lance enfermée dans une gaine de feutre blanc.

A mi-route s'élève un petit café où les voitures s'arrêtent d'elles-mêmes. Le voyageur, qu'il le veuille ou non, se voit contraint de faire une courte halte pour payer à son cocher et s'offrir à lui-même quelque consommation rafraîchissante. Le café ne tient que les boissons indigènes, le *raki*, le *mastic*, liqueur anisée provenant du lentisque, et le *loukoum*, pâte d'amidon ou de miel parfumée de vanille. Suspendus au-dessus de la porte, à la place ordinairement réservée à l'enseigne, la Vénus de Milo et l'Hermès de Praxitèle regardent les buveurs de leurs yeux froids, sans pupille.

Puis il faut repartir à travers les mêmes paysages, à travers la même poussière. L'on atteint la ville de Minerve dans une gloire de poudre ensoleillée.

II

Athènes moderne. — Les monuments et la rue. — Souvenir des jeux Olympiques. — La course de Marathon. — Le caractère grec.

Athènes, c'est le nom magique que poétise l'histoire même, la rayonnante vision qui force l'enthousiasme par le concours de toutes ses beautés : une mer de turquoise, quelques montagnes d'un roux argenté, l'Hymette, le Pentélique, le Parnès, l'Ægaleos, et, au milieu d'une capitale nouvellement née, les vestiges de la plus belle des civilisations d'autrefois, vieux diamants sertis dans une parure neuve.

Les pèlerins de Grèce, à quelque classe qu'ils appartiennent, hommes de lettres, rimailleurs, artistes, demi-artistes, archéologues, photographes ou snobs, ne manquent jamais d'en décrire les ruines, dorées par vingt siècles d'éclatante lumière, — et ils ont raison; — mais le passé leur fait oublier le présent; ils négligent presque toujours de parler de l'Athènes moderne, — et ils ont tort. — Malgré les rigueurs du climat et l'éternelle sécheresse, tout dans la petite ville semble net, aimable et coquet : les maisons et les palais de marbre, les rues claires et les boulevards plantés de poivriers, les jardins ombragés de thuyas, parfumés de lauriers-roses. La blancheur des murailles est avivée par l'azur du ciel, de ce bleu profond dont l'Hellade conserve jalousement le monopole. Seule tache un peu sombre, l'Agora se blottit au pied de l'Acropole en un amas de basses masures, coupées de ruelles étroites; c'est, depuis l'incendie de 1878, tout ce qui reste de la vieille cité ottomane. On trouve là quelques boucheries et boulangeries populaires. Les boutiques sont encombrées de ferrailles, d'armes, de « tsarouks » et de mallottes multicolores, tandis que sur l'étal des poissonniers agonisent les pieuvres en compagnie des rougets, des anguilles et des oursins. En maint endroit, le pavé est rougi par la teinture des œufs et le sang des agneaux.

Le cœur d'Athènes, — ce que l'on est convenu d'appeler le centre des affaires et des plaisirs, — affecte la forme d'un triangle. Il est contenu tout entier entre les rues commerçantes d'Éole et d'Hermès, et la rue plus élégante du Stade, qui relie la place de la Concorde à celle de la Constitution. La ville s'est développée surtout vers le nord, ouvrant, parallèlement à la rue du Stade, les grandes voies de l'Université, de l'Académie et de Solon, égrenant ses villas dans la direction des faubourgs de Patissia et de Képhissia. Sur les premières pentes du Lycabète s'est élevé tout un quartier neuf, qui, bien qu'habité par un grand nombre d'étudiants, ne rappelle en rien notre boulevard Saint-Michel, de bruyante renommée. Le silence n'y est troublé que par la chanson d'un passant, la flûte ou la guzla d'un mendiant isolé. A l'extrémité des voies tranquilles se profile le mont Lycabète, si poétique avec son petit ermitage d'Hagios Georgios, couronné d'oliviers gris. Le vent de la mer y frôle parfois les herbes courtes des talus en dégageant de subtiles senteurs d'asphodèle et de sauge. Où es-tu, montagne Sainte-Geneviève?

Dans Athènes, l'étranger ne saurait oublier un seul instant sur quel sol il traîne ses guêtres flâneuses. Les rues tirent ordinairement leur nom d'une divinité de l'Olympe ou d'une célébrité nationale. Si quelques-unes, par exception, évoquent la mémoire d'un Français, c'est que ce Français a dignement servi la cause hellénique, soit avec l'épée, soit avec la plume. A côté des rues Homère, Platon, Achille, Sophocle, Euripide, Esculape, Hippocrate, Léonidas, se trouvent les rues Chateaubriand, Béranger, Fabvier, Général-Maison, de Rigny, Gambetta, Victor-Hugo. La rue About brille par son absence; les Grecs n'ont pas encore pardonné à l'illustre écrivain d'avoir, dans son humour injuste, appelé Athènes « un Quimper-Corentin glorieux ». Il y a des boutades qui sont des blasphèmes.

Je ne voudrais pour rien au monde m'attirer, comme About, le ressentiment de mes *adelphes* des bords de l'Ilyssus. Aussi, sans faire tort à Bædeker ou à Joanne, j'énumérerai les monuments dont les Athéniens se montrent si justement fiers. Je mentionnerai les ruines antiques : les unes éparses dans la ville, comme l'arc d'Adrien, les colonnes de Jupiter, le temple de Thésée, la lanterne de Diogène; les autres groupées en un splen-

dide faisceau sur le rocher de l'Acropole, comme le
théâtre d'Hérode, celui de Bacchus, les Propylées, les
cariatides de l'Erechteion, le temple de la Victoire Aptère.
J'enflerai ma voix pour citer le Parthénon, cet unique,
cet immortel Parthénon, qui est encore aujourd'hui
« l'âme visible d'Athènes », le vrai monument de ses
traditions et de ses gloires, en même temps que l'expression la plus parfaite de l'art classique. Je saluerai au
passage les petites églises byzantines du XIe, XIIIe ou
XVe siècle, trapues et comme à demi rentrées en terre,
délicieusement vieillottes avec leurs murailles patinées
par le temps, leurs coupoles verdies par l'âge, leurs
étroites fenêtres géminées ou trilobées, leurs nefs resser-
rées, où une vingtaine de personnes au plus peuvent
tenir à l'aise. Enfin je n'aurai garde de passer sous silence
les édifices récents, qui ont eux aussi leur intérêt, en
ce sens qu'ils dénotent, dans la société moderne, un
louable souci de maintenir sans altération l'art grec; telle
l'Université, heureuse copie des monuments antiques, où
l'architecte a su très habilement faire revivre la polychro-
mie; telle aussi l'Académie, petit bijou blanc et or, moins
élégant que l'Université, mais peut-être encore plus brillant par l'éclat marmoréen de ses portiques et de son
fronton décoré de statues.

J'aime Athènes pour ses monuments, mais je l'aime
aussi pour elle-même. Son peu d'étendue lui donne un
charme d'intimité que n'ont point ordinairement les
capitales. L'on ne peut parcourir d'une extrémité à l'autre
la rue du Stade, arpentée à toute heure du jour par les
différentes classes de la société athénienne, sans croiser

de nombreux visages de connaissance; c'est l'artère la
plus gaie de cette ville gaie. Sans doute les amateurs de
couleur locale y éprouvent tout d'abord, comme au Pirée,
une assez vive désillusion. Ils constatent avec amertume
que les habitants des faubourgs, les ouvriers, les membres
de la corporation des cireurs de bottes ne portent plus
guère de loques orientales, mais des blouses plissées de
coupe peu archaïque; ils s'indignent de rencontrer tant
de jeunes gens vêtus de noir, du dôme de leurs chapeaux
ronds à la pointe de leurs souliers vernis, tant de Tana-
gras habillées par Doucet ou par Redfern. De loin en loin
cependant, quelques apparitions consolantes rompent la
banalité de la foule : des soldats de la garde, fièrement
campés dans leur uniforme d'opéra-comique; des prêtres
ou « pappas », barbus comme des Pères tout-puissants
de fresques byzantines; quelque vieux député du Péloponèse, Thivrier grec, mais Thivrier sans cabotinage, venant
siéger à la Chambre avec son bonnet rouge et sa fustanelle à mille plis. Peu à peu les observateurs découvrent
un nouvel élément de pittoresque d'une saveur toute
spéciale dans ce contraste piquant entrent les Grecs d'hier
et les Grecs d'aujourd'hui; ils regardent avec des yeux
moins sévères les Athéniens modernisés, et surtout ne
peuvent tenir rigueur aux Athéniennes. Ils sont forcés de
convenir que Calliope, Maroullia, Cléopâtre ou Photini,
pourraient peut-être, dans leur costume national, paraître plus classiquement belles, mais qu'elles ne pourraient, en aucun cas, se montrer plus gracieuses ni plus
aimablement jolies.

O la douce flânerie, à l'heure où la chaleur n'est pas

ATHÈNES. — Vue générale. — L'Erechteion.

encore trop forte! Les camelots commencent à annoncer
d'une voix stridente les journaux du jour : Παλιγγενεσια!...
Ρωμιος του Ζουρη!... mêlant leurs cris à ceux des petits marchands de raisins ou de pistaches : Δροσερά στχφιλία !...
Αφμυρα φιστίκα!... Les paysans de Mégare, sur leurs petits

Soldat de la garde royale.

chevaux albanais, trottent vers le marché, vagues silhouettes de Kabyles dans leurs cafetans à capuchons. Les
marchands d'oranges poussent devant eux leurs bourri-
quots, qui disparaissent sous de lourdes charges de boules
d'or embaumées. Et soudain c'est comme une bouffée
joyeuse, une envolée de plumes blanches et de plumes
bleues. La garde montante passe, se rendant au palais
avec l'étendard de Saint - Georges, le pas allègrement
rythmé par la *Marche du roi*. L'on ne peut résister à la

tentation de se mêler aux gavroches indigènes pour accompagner les soldats, le sang fouetté par la gaieté du matin et par la chanson vibrante des cuivres.

Sous l'éblouissement du ciel bleu, la vie paraît rose, symphonie de couleur tendre que des vapeurs de sang pourraient seules obscurcir. Voici ce qu'est la ville d'Athènes, voici plutôt ce qu'elle était au printemps dernier, avant qu'un terrible vent de guerre n'ait soufflé de Candie.

Comment juger ces fameux jeux Olympiques, célébrés si pompeusement en Grèce, Georges étant roi et Philémon démarque d'Athènes, en l'an de grâce mil huit cent quatre-vingt-seize? Les journalistes ont répandu beaucoup d'encre à ce sujet. Les uns ont loué sans réserve, les autres dénigré sans mesure; plusieurs parmi ces derniers, puristes à l'excès et fort tâtillons en matière historique, ont critiqué jusqu'au nom même d'Olympiques, qui s'appliquait aux fêtes célébrées à Olympie ou dans quelques autres cités, mais non aux joutes d'Athènes, spécialement nommées *panathénaïques*.

« Et puis si la course à pied, disaient-ils, la lutte à main plate, le saut, les poids, le lancement du disque, figurent avec raison comme sports olympiques; si on peut à la rigueur considérer comme tel le lawn-tennis (d'après l'avis de quelques-uns, c'est à un sport analogue que se livrait la toute charmante Nausicaa quand elle fit la connaissance d'Ulysse), il semble impossible d'y joindre le tir, l'escrime, la bicyclette, sans commettre les plus navrants anachronismes. »

Ainsi s'expriment les mécontents, oubliant que le temps écoulé, l'évolution forcée des êtres et des choses, les changements apportés par la civilisation dans la société moderne, rendraient difficile, sinon ridicule, une reconstitution fidèle de l'antiquité. Que leurs griefs soient plus ou moins fondés, l'idée de faire renaître les exercices athlétiques de l'ancienne Grèce n'en reste pas moins une idée grande et belle, comme toutes celles qui tendent à perfectionner les nouvelles générations par la pratique du sport, si longtemps délaissé.

Je me garderai de donner ici le compte rendu officiel des jeux, de rapporter, par exemple, si les 1 500 mètres ont été couverts en 4'33" 1/5 ou simplement en 4'33"; ces détails sont d'un intérêt trop particulier. Je me contenterai de jeter un coup d'œil en arrière pour revoir Athènes dans tout l'enivrement du bruit, du mouvement et de la joie. Comment aurait-elle pu se douter alors que des jours de deuil suivraient de si près ses jours de fête; que, dans la lutte entreprise pour la libération des Crétois, les différentes nations de l'Europe, ces mêmes nations qui fraternisaient joyeusement avec elles, se ligueraient pour paralyser ses généreux efforts?

C'est avec un plaisir mêlé d'une grande tristesse que je tente de revivre mes souvenirs.

Jeudi 9 avril. — Veille de « Marathon ». — Sous le vélum mouvant des oriflammes et des banderoles, la foule passe, houleuse, mais lente. Athènes est devenue Cosmopolis. Des Allemands à lunettes et à chevelure de lin coudoient des Yankees bien musclés, des Anglais imberbes à carnation de viande crue. La France est représentée par une douzaine de journalistes, quatre ou cinq athlètes, les jeunes gens de la caravane d'Arcueil, et la bande moutonnière des agences.

Sur la place de la Constitution, les terrasses des grands cafés sont littéralement noires de monde. Toutes les conversations roulent sur le même sujet : la course de Marathon, renouvelée de l'antiquité (distance : 48 kilomètres). Depuis quelques jours, les feuilles publiques ne parlent que de cette redoutable épreuve. L'*Asty*, l'*Acropolis*, l'*Estia*, sont remplis d'entrefilets dans le genre suivant :

« Un coiffeur s'engage à tondre et à raser gratuitement pendant toute sa vie le vainqueur de Marathon, s'il est de nationalité grecque. »

« M. Aïdonopoulo, tailleur, s'engage à faire don d'un habillement complet au vainqueur de Marathon, s'il est Grec. »

« M. X*** s'engage à fournir pendant un an le repas de midi au vainqueur de Marathon, s'il est Grec. »

« Une jeune et riche Américaine promet sa main au vainqueur de Marathon, si toutefois il est Grec de nationalité, » etc.

Comme on peut en juger par ces étonnantes mais véridiques citations, les Grecs attachent une grande importance au succès d'un des leurs dans la fameuse course; ils en font une affaire patriotique, dans laquelle il semble que leur amour-propre national soit engagé.

Plus calmes, les étrangers discutent les performances de leurs champions respectifs : le Français plus léger, l'Américain mieux fendu, l'Australien plus résistant. Personne parmi eux ne paraît songer aux humbles bergers de l'Attique; personne n'ose prévoir que peut-être, suivant l'expression de Hugues Le Roux, « le sol même de la Grèce courra sous les pieds de ses fils pour les porter à la victoire. »

Le soir nous dînions, quelques journalistes et moi, dans un paisible restaurant de la rue du Stade, quand nos voisins de table, des Crétois, viennent nous prier d'accepter, en témoignage de sympathie, une bouteille de champagne... grec. Les uns après les autres, tous les convives, heureux de suivre un si bel exemple, viennent à tour de rôle toaster à la prospérité de la France, cependant que l'un d'eux brandit un drapeau tricolore en poussant d'étourdissants vivats. Nous croyons devoir répondre, toast pour toast, politesse pour politesse. Le vin de Samos coule à flots, et, le drapeau grec à la main, nous écorchons avec sentiment l'hymne national :

> Je te connais au tranchant
> De ton sabre terrible, etc.

Il n'en faut pas plus pour donner naissance à une véritable manifestation francophile. Nos accents chaleureux ont eu des échos au dehors. En sortant du restaurant, nous trouvons quelques centaines de personnes qui nous attendent pour nous accompagner jusqu'au cercle des étudiants. Elles crient à perdre haleine : *Zitó e Gallia, zitó!* « Vive la France! Vive le ministre de l'instruction publique des Français! (??) » Au cercle, émouvante réception. Longue suite de discours. Applaudissements tumultueux. Je dois à mon tour monter à la tribune et prononcer quelques paroles :

« Grèce et France, nations sœurs,... à jamais unies...
Navarin... Missolonghi... Glorieux passé... Souhaits d'heureux avenir... »

Et tandis que les drapeaux helléniques et français con-
fondent leurs plis, je me sens embrassé sur les deux
joues par le recteur de l'Université et par des étudiants
enthousiastes.

... Je sens encore l'étreinte de ces fraternelles accolades.
J'ai surtout conservé dans l'oreille le cri des gamins
d'Athènes, acclamant de leur voix chantante et un peu
grêle cette France que leurs pères leur avaient appris
à aimer.

Vendredi 13 *avril*. — Hier la ville s'est endormie fiévreuse; ce matin elle délire. Dès les premières heures,
les marchands qui vendent les billets d'entrée pour le
Stade se voient plus ou moins brutalement dévalisés. La
foule impatiente envahit les tramways, les vis-à-vis et
ces vastes landaus démodés qui remplacent ici les voitures de place et portent l'auguste nom d'*amaxa*, comme
les chars de guerre au temps du siège de Troie. Accourus
de Zante, de Céphalonie, de Sainte-Maure, de Patras,
du Laurium, de Corfou, de Crète, des orphéonistes, plus
chamarrés que des animaux savants, parcourent les rues
avec trombones, grosses caisses et cymbales, et réus-
sissent, au gré de leurs vœux, à transformer Athènes en
une vaste boîte à musique. Autour du Stade, des milliers
de personnes sont déjà campées; elles boivent et saucis-
sonnent, comme des Parisiens à Longchamp, un jour de
grand prix.

Deux heures. — Le roi Georges, le roi de Serbie, le

diadoque (prince héritier), un grand-duc de Russie et la famille royale de Grèce, prennent place dans l'amphithéâtre. La foule peut être évaluée à 70 000 personnes. Elle serait uniformément sombre, n'étaient les toilettes

Un coin d'Athènes moderne : place de la Constitution.

claires des Athéniennes, les costumes dorés de quelques femmes de Mégare, les panaches bleus et blancs des officiers, qui, dans leur tribune réservée, mettent la gaieté d'un champ fleuri. Près des portes se tiennent les agents chargés de la police du Stade, fonctionnaires pacifiques, mais qui, malgré eux, vous pochent les yeux par l'éclat insupportable de leurs uniformes rouges.

Les jeux commencent : exercices de sauts avec perche ou sans perche. Les jouteurs n'obtiennent que des regards distraits. Tout le monde songe aux coureurs qui, partis de Marathon, doivent apparaître dans trois heures, deux heures peut-être, devant le trône royal.

De temps à autre des officiers apportent des nouvelles, rapidement passées de bouche en bouche :

« Au dixième kilomètre, le Français Lermusiaux est en tête avec une forte avance. En traversant le village de Charista, il s'est vu couvert de lauriers par la population. Au vingtième kilomètre, le Français tient toujours la tête. Un pappas fanatique a voulu l'assommer à coups de parapluie, pour assurer la victoire de ses compatriotes. »

Puis les nouvelles cessent de parvenir, la curiosité reste suspendue jusqu'au moment où une vague rumeur très lointaine se fait entendre au dehors, semblable aux grondements d'une marée montante :

« *Naton! naton!* Le voilà! »

Le vainqueur arrive. Un frémissement parcourt la foule, fait onduler les têtes énervées par l'attente. La piste est envahie; chacun se presse, chacun avance pour mieux voir. Une vieille femme tombe à genoux, et levant les mains au ciel :

« *Panaghia mou!* (Par la Vierge!) s'écrie-t-elle, que ce soit un enfant de Grèce! »

Est-ce un enfant de Grèce? Est-ce un enfant de France?

Non, le Français est tombé, pris de crampes soudaines, au trente-troisième kilomètre. C'est bien un Grec, un jeune paysan de Maroussi, Louïs, qui apparaît à l'entrée du Stade, la figure bronzée, presque noire et ruisselante de sueur, la bouche ouverte, cherchant le souffle. Il s'avance en boitant et s'efforce de courir encore, soutenu sous les deux bras par le duc de Sparte et le prince Georges, qui se sont précipités au-devant de lui. Alors de la foule s'élève un cri fou, une furieuse clameur de triomphe. Tout le Stade est debout. De toutes parts les mouchoirs s'agitent, les chapeaux volent. Des pigeons sont lâchés vers le ciel, portant attachés sous leurs ailes de petits drapeaux aux couleurs grecques.

Pendant la durée des jeux Olympiques, le gouvernement avait recommandé à tous les sujets du royaume, et en particulier aux hôteliers, de ne point profiter de l'affluence des touristes pour les piller, les écorcher ou les rançonner à merci. Ces recommandations ont été scrupuleusement observées; les hôteliers se sont montrés dans leurs tarifs d'une modération vraiment digne d'éloges, et les habitants, s'ils n'ont pas, dans le sens rigoureux du mot, lavé les pieds poudreux des voyageurs, ont suivi de fort bonne grâce les autres prescriptions de l'antique hospitalité.

Les Grecs souffrent de la réputation peu flatteuse qu'ils ont en Europe et font tout pour la démentir. Un grand nombre d'entre eux, fixés à l'étranger, acquièrent rapidement une grosse fortune, grâce à leurs aptitudes pour le commerce et pour la banque. Mais on ne peut les en blâmer en voyant à quel noble usage ils consacrent leurs millions. On les appelle *évergètes*, c'est-à-dire bienfaiteurs publics, et nul surnom n'est mieux mérité. Les établissements de bienfaisance qui font l'honneur d'Athènes et les nombreux édifices qui en font l'ornement ont été, en majeure partie, créés à leurs frais. Arsakis a fondé l'*Arsakion*, école de filles; Varvakis, le *Varvakion*, lycée de garçons et musée; Bizaris, le *Bizarion*, séminaire; les frères Zappas, le *Zappeion*, palais de l'exposition Olympique. Hournaris a fait construire une école polytechnique, et Averof a donné plusieurs millions pour la restauration du Stade d'Hérode Atticus.

Dans les premiers mois de 1897, plusieurs évergètes réunis ont envoyé au gouvernement plus de sept millions pour couvrir les dépenses de l'armée et de la marine.

Les descendants de Périclès sont peut-être légers, bavards, querelleurs, politiqueurs; mais ils aiment leur patrie; ils savent si bien l'aimer, que toutes leurs imperfections disparaissent devant un aussi bel amour. On les trouve parfois trop rusés en affaires et toujours d'une excessive vanité; mais on doit reconnaître qu'ils sont actifs, laborieux, infatigables, ne reculant devant aucun sacrifice quand il s'agit d'acquérir des connaissances nouvelles. Il n'est pas rare de voir des étudiants de l'université d'Athènes se faire décrotteurs pour subvenir à leurs besoins tout en continuant leurs études, ou d'entendre des domestiques demander des congés à leurs maîtres pour aller passer leurs examens de droit. S'il est vrai qu'il faille considérer la paresse comme la mère de tous les vices, et l'internationalisme comme la plus navrante plaie de la société moderne, que ne peut-on attendre d'un jeune peuple à la fois si travailleur et si patriote?

J'ai dit que le contraste était amusant entre les Grecs d'hier et les Grecs d'aujourd'hui. Ce contraste est tout extérieur; en réalité, il n'y a point deux sortes de Grecs. Les beaux messieurs du boulevard Amélie sont bien les frères des humbles bergers qui gardent les chèvres sur la montagne en jouant de la *floïera*. Jaquettes noires et peaux de moutons cachent les mêmes qualités, les mêmes défauts, le même chauvinisme. Les Athéniens peuvent, par amour-propre, adopter nos modes, chercher même à copier notre air sceptique, désabusé, gouailleur, notre allure quelque peu canaille; ils peuvent se plaire à redire nos ineptes refrains de cafés-concerts; mais, au fond d'eux-mêmes, ils continuent, les arriérés, de chérir d'une affection très étroite et très sincère les vieilles coutumes nationales; ils continuent, les naïfs, de s'attendrir en entendant chanter les vieilles mélodies klephtes. Et, si le pays a besoin d'eux, ils vont s'enrôler en même temps que les cultivateurs et les pâtres, simplement, bravement, sans hésitation comme aussi sans forfanterie et sans pose.

Ces « fins-de-siècle » ont des âmes de palikares.

III

D'après Henri Belle, certains paysans orthodoxes, à l'instar de ce singe de la fable qui prenait le Pirée pour un homme, considèrent Minerve comme une sainte de grand mérite; Achille, Patrocle ou Ajax, fils de Télamon, comme des bienheureux batailleurs à la façon de saint Georges. A vrai dire, les paysans de cette espèce sont assez rares aujourd'hui. Encore ne devons-nous pas les railler. Les Grecs, s'ils n'ont pas tous une religion bien éclairée, ont du moins une foi solide et une piété sincère. Pour eux, les fêtes de l'Église sont des fêtes nationales. Ils célèbrent la Pâque avec une ferveur joyeuse, une belle allégresse naïve, que la France a peut-être connues autrefois, au temps où se jouaient les mystères et les soties, mais qu'elle a depuis longtemps oubliées.

Durant la semaine sainte, les montagnards vont à la ville faire de longues stations chez le *bakali* (épicier). Par les sentiers fleuris, on les voit revenir au pas des mulets avec leur charge d'emplettes; d'énormes galettes de pain

à l'anis, des œufs d'un rouge violacé, des brassées de
cierges de cire jaune, tout ornés de papier frisé d'un
coloris barbare.

Rodenbach, dans sa prose de poète, a chanté les cierges

Le métropolite.

des béguinages flamands; qui chantera les cierges des
processions grecques? Qui les montrera balançant par
milliers leurs petites langues de feu dans le bleu transparent des nuits athéniennes? C'est le vendredi saint
qu'il faut les voir, quand le métropolite accompagné des

dignitaires de la cour, des officiers, des fonctionnaires, de toute la garnison, promène dans Athènes l'*Epitafion* ou suaire du Christ ; quand la procession se déroulant par les rues, suivie de la foule pieuse, semble laisser derrière elle un glorieux sillage de lumière.

Dans la nuit du samedi saint, les Grecs, toujours armés de leurs cierges aux flammes vacillantes, reviennent devant les parvis des églises. Ils attendent que les pappas, avec leurs chappes gaufrées d'or, paraissent sous le portail pour leur annoncer la bonne nouvelle : *Christos anesty!* « Christ est ressuscité ! »

Christos anesty! C'est le signal de la fête. Les écoliers, au risque d'incendier la ville, allument des fusées et des pétards, qu'ils ont fabriqués eux-mêmes durant les jours de la Passion. *Christos anesty!* Les bourgeois mettent bas leur redingote, et, agenouillés au seuil des maisons, surveillent avec une anxiété gourmande de grossières perches de bois sur lesquelles des agneaux sont embrochés tout entiers. La victime pascale rissole doucement au-dessus d'un grand feu de brindilles, et le rôtisseur improvisé tourne sans se lasser jusqu'à ce qu'il voie, conformément aux prescriptions de la parfaite cuisinière palikare, la tête de l'animal se détacher du corps. *Christos anesty!* Les parents et les amis viennent manger l'agneau à même la broche, et tandis qu'ils fêtent ainsi gaiement la résurrection du Christ, l'air se charge d'une forte odeur de chair brûlée, odeur qui pourrait offenser des narines délicates, mais qui, montant droit vers le Dieu des cœurs simples, lui semble plus suave que les plus suaves parfums, plus doux que les plus mystiques encens.

Quand, le jour de Pâques, j'ai visité les quartiers de
cavalerie de la plaine de Pâtissia, les opérations culi-

Croquis athéniens (pages d'album).

naires étaient terminées, et les soldats dansaient en
longues files au son de la clarinette et de la cithare. La
chorégraphie militaire n'est pas folâtre. Tandis que le
danseur de tête esquisse un pas de caractère, les autres

se contentent de le suivre en tournant gravement, silencieusement, comme s'ils accomplissaient un sacerdoce. Le soldat grec est d'un tempérament gai, mais tranquille. Il a quelque rapport avec ces petits fantassins français, que l'on voyait, il y a quelques années encore, — le type commence à se modifier, — passer les dimanches à cueillir des baguettes dans les bois ou à faire des ronds en crachant dans l'eau. Le soldat grec peut, sans fatigue, tourner des journées entières. Il s'amuse comme un fou, mais a l'air de périr d'ennui, et, s'il lui échappe par intervalles des cris d'enthousiasme, il se hâte de reprendre aussitôt, la bouche refermée, son air spleenétique.

Sur une estrade décorée de trophées et de feuillages, les officiers sont attablés. Ils nous font asseoir au milieu d'eux. L'un nous verse du vin résiné, qui empeste la térébenthine; un autre nous porte à la bouche les plus délicats morceaux d'agneau rôti, un troisième nous tend un œuf, qu'il faut briser en le choquant en signe d'amitié contre l'œuf qu'il tient lui-même à la main. Parfois plusieurs d'entre eux vont se mêler à la ronde, puis reviennent après avoir fait applaudir leur légèreté et leur grâce. Parfois aussi des chevaux s'échappent des écuries et prennent un joyeux *canter* autour des casernes, faisant feu des quatre pieds dans les tournants trop courts et esquissant au milieu même du quartier quelque excentrique saut de mouton, sans que personne s'avise de mettre un terme à leurs transports.

Et les soldats dansent toujours.

La Grèce ne possède que trois régiments de cavalerie. Le régiment qui tient garnison à Athènes s'occupe du service de remonte et des cours spéciaux d'équitation. C'est un petit Saumur.

En 1887, l'armée hellénique a été organisée à la française par les soins d'une mission commandée par le

UNIFORMES DE L'ARMÉE GRECQUE

Artillerie. — Élèves de l'école des Évelpides et officier de cavalerie. — Evzones et gendarmes de la frontière. — Musique d'infanterie.

général Vosseur, et composée des capitaines Chevalier, Perruchon et de Prez-Crassier. D'ailleurs, les officiers grecs viennent souvent faire un stage en France ou en Belgique après avoir suivi pendant quatre ans les cours d'instruction de l'École spéciale militaire des Évelpides.

Les Évelpides (littéralement les jeunes gens aux bonnes espérances) sont doublement remarquables : remarquables dans leurs exercices par l'impeccable correction de leurs mouvements, remarquables dans leurs personnes par la coquetterie savante de leur tenue *bahutée,* la hauteur invraisemblable de leurs képis et de leurs collets jaunes. L'école prépare à la fois pour les trois armes : infanterie, cavalerie, artillerie. Saint-cyriens et polytechniciens portent le même uniforme.

Les officiers sont très nombreux en Grèce, et même, dans certains régiments, ils sont relativement plus nombreux que les simples soldats. Cette anomalie provient de ce que les officiers appartenant tous à l'active, un grand nombre n'ont point d'hommes à commander ou à instruire entre les différents appels des classes de réserve; ils se voient seulement chargés de quelque fonction peu importante et qui leur laisse beaucoup de liberté.

L'armée de première ligne donne comme effectif un chiffre de 25 000 hommes, 80 000 avec les huit premières classes de réserve. Elle comprend en outre les 3 régiments de cavalerie déjà cités; 10 régiments d'infanterie; 3 régiments d'artillerie, armés de canons Krupp et composés de 20 batteries, 11 de campagne et 9 de montagne; 10 compagnies de génie, 16 de gendarmerie; enfin 8 bataillons d'*evzones.*

Les evzones correspondent à nos chasseurs à pied; c'est un corps d'élite, le seul qui ait conservé le costume national, la fustanelle, la veste brodée et les tsarouks, ces étranges souliers de cuir rouge, dont la pointe recourbée est ornée d'un pompon bleu ou noir. Les evzones de la garde royale portent des uniformes d'une valeur de trois mille francs, mais les soldats des autres corps sont loin d'offrir un tel éclat. D'une façon générale, la tenue des troupes dénote beaucoup de laisser-aller. Les boutons ne reçoivent qu'à de rares intervalles les caresses de la brosse et les baisers du tripoli; les ceinturons sont portés, suivant l'humeur de leurs propriétaires, de vingt manières différentes. Mais fermons les yeux devant ces détails. Ne relevons pas non plus l'insouciance charmante des soldats en matière d'alignement. Considérons plutôt que l'armée grecque est une jeune armée, que Pitou ou Dumanet avait, il y a peu de temps encore,

> ... Un long fusil doré, et puis
> La liberté sur la montagne.

S'il a brusquement quitté la liberté sur la montagne pour la chambrée et troqué le long fusil doré contre le fusil Gras, moins pittoresque et plus pratique, il peut avoir conservé un peu cette indépendance d'allures particulière aux palikares, sans que la discipline en souffre le moins du monde.

... Les œufs durs succèdent aux œufs durs, les morceaux d'agneau aux morceaux d'agneau. Nous continuons de banqueter avec les officiers de cavalerie, quand soudain éclate une fanfare très bruyante et très aigre : Παρουσια-ζετε αρμ! « Présentez armes! » C'est le roi qui vient voir danser ses fidèles soldats et briser un œuf avec le plus ancien sous-officier.

> ... Mandons le salut le plus ample
> A Georges de Holstein-Glüksbourg, prince danois [1]...

. . . .

[1] *Pour la Grèce*, poésie récitée par le poète Edmond Rostand dans la matinée donnée à la Renaissance au profit des réfugiés crétois.

La petite cour de Copenhague a des alliances dans toutes les cours d'Europe; c'est une fabrique de souverains et de souveraines justement réputée pour l'excellence de ses produits. Quand les Grecs eurent déposé Othon, qui avait cessé de leur plaire ou plutôt qui ne leur avait jamais plu, ils se mirent comme de simples grenouilles en quête d'un roi. Ils proposèrent la couronne d'abord au duc d'Aumale, qui la refusa; puis au prince Guillaume de Danemark, qui l'accepta sous le nom de Georges Ier, en se proposant de faire de la Grèce le modèle des royaumes en Orient. Depuis 1863, date de son avènement, Georges Ier n'a point cessé de travailler à l'accomplissement de ses grands projets. Il a réussi à supprimer le brigandage dans le centre de ses États et à éviter les révolutions continuelles qui agitèrent le règne de son prédécesseur. Comprenant fort bien le caractère grec, il a eu soin d'en ménager les susceptibilités en observant une grande modération dans sa vie politique, une grande simplicité dans sa vie privée. Jamais il n'a joué au monarque. Il possède dans ses remises le carrosse du comte de Chambord, mais il ne s'en est pas encore servi. Les mauvaises langues prétendent qu'il n'a point trouvé dans sa capitale un artiste assez habile pour changer en armes grecques les armes françaises qui décorent le caisson de la voiture. La vérité est qu'il évite de sortir hors de propos ce trop imposant véhicule.

Un de nos compatriotes philhellènes me disait, quelques mois avant la guerre :

« Nous devons le reconnaître, la préoccupation constante du roi Georges a été de conserver l'affection de son peuple. Pourquoi faut-il que les enfants du soleil ne puissent pas oublier qu'ils sont gouvernés par un septentrional? Pourquoi faut-il que les petits bruns, — l'expression n'est pas de moi, — ne puissent pas pardonner au grand blond d'être blond et conservent contre lui comme un sentiment de méfiance, très vague et souvent inconscient? Les jours de fête, la foule se masse devant le palais. Le roi se montre et dit : Παιδια μου, παλλικαρια μου, σὰς εχὼ στηκαρδία μου. « Mes enfants, mes palikares, je vous ai dans mon cœur. » Pourquoi faut-il que les Athéniens remarquent l'intonation quelque peu danoise avec laquelle est prononcée cette phrase si touchante et si belle? »

C'est en Russie, où il commandait un régiment, que le futur roi de Grèce fit la connaissance de la grande-duchesse Olga. Il la vit. Elle lui plut. Ils s'épousèrent, furent heureux et eurent de nombreux enfants. La famille royale en compte actuellement six, tous beaux, solides, bien portants et Grecs de cœur. Seule la douce princesse aux cheveux d'or, Marie, est morte il y a quelques années dans toute la fleur de sa jeunesse.

Le diadoque Constantin, duc de Sparte, n'a pas plus de trente ans. Il a épousé, en 1889, la princesse Sophie de Prusse, qui lui a donné un fils. Notons en passant que le diadoque, comme son frère cadet, se montre d'une grande affabilité dans ses rapports avec les étrangers. Après lui viennent, par ordre d'âge : le prince Georges, officier de marine; le prince Nicolas, officier d'artillerie; la princesse Andrée, les jeunes princes André et Christophore. La reine Olga se montre peu en public; mais ses sujets, s'ils ne la connaissent guère, peuvent du moins rendre justice à son inépuisable charité. Elle a pris sous son patronage actif le magnifique hôpital Evangelismos, où bien souvent elle va elle-même porter aux malades des soins affectueux et de douces paroles.

Comme jadis dans la famille de Louis-Philippe, on mène dans la famille régnante de Grèce une vie régulière et paisible : travail, promenades, sports, exercices, et, les soirs d'hiver, causeries autour de la lampe. Le samedi, Georges Ier ne manque jamais de parcourir le Ρωμιός τοῦ Ζουρῆ [1], et, en homme d'esprit, il est le premier à rire des plaisanteries dirigées contre les siens ou contre lui-même, lorsqu'elles ne dépassent pas les limites permises.

Les gouvernants, à Athènes, sont mal logés. Derrière la place de la Constitution s'élève un édifice disgracieux qui, suivant l'avis général, ressemblerait à une caserne s'il ne ressemblait pas à un hôpital; c'est le palais du roi. Rue d'Hermès, on remarque une maison dont les arcades abritent un magasin de cercueils; c'est la mairie. Enfin un vaste monument, planté tout de travers par un architecte fantaisiste, forme l'angle de la rue du Stade ou de la rue Colocotronis; c'est la Βουλη ou Chambre des députés.

« La salle des séances, dit Gaston Deschamps, ressemble à une classe mal tenue. L'hémicycle est envahi par toutes sortes de gens, commis de députés, parents d'huissiers ou simplement flâneurs philosophes, qui sont venus par

---

[1] Célèbre journal satirique, entièrement rédigé en vers depuis le titre jusqu'aux annonces.

la porte principale et qu'on a laissé entrer à cause de leur grand air. »

Les séances durent quelquefois vingt-quatre heures de suite et l'emportent encore par leur caractère orageux sur les séances du parlement parisien. Autrefois les coups de revolver y éclataient à tout propos. Aujourd'hui les mélodies exécutées sur le sifflet ou la casserole de fer-blanc remplacent avec avantage l'usage des armes à feu dans la ponctuation des discours. Ces manifestations harmoniques ne contribuent pas à éclairer l'entendement de certains députés de Thessalie, qui, ne connaissant que le grec populaire ou langue romaïque, ne comprennent déjà pas un mot du grec savant des orateurs.

Le mode d'élection est assez original pour mériter d'être relaté. Dans les nefs des églises, — les églises tiennent ordinairement lieu de salle de vote, — sont dressés de banals tuyaux de poêle, qui communiquent avec des boîtes décorées de lauriers et divisées en deux cases, l'une blanche et l'autre noire. On compte autant de boîtes que de candidats. L'électeur, auquel on a préalablement remis en guise de bulletins de petites balles de revolver, plonge son bras jusqu'au coude dans le tuyau de poêle, et, après avoir balancé quelque temps comme un amateur sérieux devant un tir à macarons, laisse tomber la balle soit dans la case blanche, soit dans la case noire, suivant qu'il juge le candidat καλος, « bon, » ou κακος, « mauvais. » Au dépouillement du scrutin, le candidat qui a reçu le plus de balles dans sa case blanche est considéré comme l'heureux élu du suffrage universel.

Πολιτεύομαι, πολίτευεσαί, πολιτεύεταί, « je politique, tu politiques, il politique. » Les Athéniens passent les trois quarts de leur vie à conjuguer ce verbe. Ils se divisaient autrefois en *tricoupistes* et en *delyannistes,* d'après le nom des deux célèbres politiciens qui se disputaient la faveur populaire. Aujourd'hui Tricoupis est mort, et Delyannis a été remplacé par Ralli à la tête du gouvernement. Cependant l'opinion publique est toujours partagée en deux grands partis, l'un conservateur ou représentant de la Grèce palikare, l'autre représentant de la Grèce nouvelle. Il est bien entendu que ces deux partis se subdivisent en plusieurs petits partis, qui se subdivisent eux-mêmes en une multitude d'infimes partis. Dans les assemblées, tous ces groupes se heurtent, crient, discutent, disputent, protestent, interpellent, raisonnent et déraisonnent avec un admirable entrain. Une seule fois peut-être, dans les annales du parlement, on a vu une proposition près d'obtenir l'unanimité des voix. C'est au commencement de cette année, quand a été posée la question : « Faut-il, oui ou non, mettre un terme aux massacres du sultan rouge? »

IV

En présence des étrangers, les Grecs ont la faiblesse de rougir de leurs bandits, alors qu'en réalité ils les admirent et les aiment. Loin de moi de faire l'apologie du brigandage, la morale le condamne à juste titre; quant à l'intérêt du touriste, il demande que la même sécurité règne sur la montagne et dans la plaine. Nous devons toutefois reconnaître que les brigands klephtes ont eu, entre autres mérites, celui d'inspirer des milliers de beaux vers, des milliers de récits ingénieux. Ils peuvent de plus tirer quelque excuse de leur origine patriotique, ainsi qu'il appert du petit discours que Clémenceau, au cours d'un récit de voyage en Phocide, place dans la bouche d'un de ses agoyates :

« Il n'y a plus de brigands, mais il ne faut pas dire de mal des anciens. Ce sont les brigands qui ont refait la Grèce. L'oppression des Turcs a obligé les Grecs à prendre la montagne, et c'est de leur repaire qu'est parti le cri de la libération. On les flétrissait, ces braves, du

nom de bandits; c'étaient des patriotes. La patrie reconquise, nos montagnards ont eu un peu de peine à se
débarrasser de leurs anciennes habitudes d'indépendance
et de vagabondage, voilà tout... »

Un autre écrivain, Grec d'origine et Français d'adoption, G. Psichari, s'écrie aussi, en tête d'un ouvrage que
l'Académie vient de couronner :

« Le roi des montagnes n'est-il pas maintenant de
l'histoire ancienne ? Cela semble certain, et c'est peut-
être grand dommage... La société des Klephtes a disparu.
Elle avait ses lois, comme toute société. Elle avait aussi,
je l'accorde, des inconvénients graves pour quiconque
n'en faisait pas partie. C'était, à tout prendre, une école
d'héroïsme. On y apprenait la guerre contre l'ennemi;
Saint-Cyr hors la loi. »

Psichari raconte l'histoire d'un Français de ses amis,
qui, séjournant à Athènes, demandait à un Grec de la
vieille Grèce d'aller vivre dans la montagne :

« Il entendait voir de vrais Klephtes; il comptait bien
s'arranger avec eux à l'amiable, pour sortir de là sans
grand dommage; mais encore n'était-ce pas une soirée
d'opéra-comique qu'il voulait s'offrir. Il demanda tout de
go à l'Athénien si l'on ferait le coup de feu et si on arrêterait les voyageurs. L'homme à la fustanelle était visiblement embarrassé :

« — Je te mènerai, monsieur, chez mes amis les
Klephtes : tu seras là plus heureux que dans la ville enfumée; tu auras du lait et du fromage, et nous te traiterons
bien. Mais pour ce qui est d'arrêter les voyageurs, je dois
te dire d'avance qu'il faut y renoncer. »

« Mon ami dérouté répliqua :

« — Si ce n'est pour brigander, que vont donc faire les brigands sur la montagne ? »

« La fustanelle répondit gravement :

« — Respirer l'air. »

Ainsi, comme les neiges d'antan, les véritables Klephtes ont disparu. S'il en existe encore, ils exercent du moins hors du royaume, sur le territoire turc ou rouméliote. On se souvient qu'en 1895, le fameux capitan Thanasi, digne émule des héros de Jules Verne, eut l'audace d'attaquer le train d'Andrinople à Constantinople et d'arrêter plusieurs voyageurs de l'agence Cook. Les pauvres gens étaient bien surpris, comme on pense; car cet incident n'était pas marqué sur le programme, pourtant très précis, de leur journée. On pourrait écrire un fort volume sur les exploits du capitan Thanasi. C'est un homme du monde, chevaleresque, intelligent, très instruit et très moderne. Il avait abonné tous les membres de sa troupe à trois revues, dont une grecque et deux étrangères, afin de les tenir au courant des actualités. Pour plus amples détails, on peut lire le *Roi des montagnes,* en passant toutefois les faits calomnieux que cite Edmond About sur la gendarmerie nationale.

Peut-être si la guerre venait incendier de nouveau la péninsule, verrait-on renaître l'ancienne société klephte. L'Europe n'aurait pas le droit de se plaindre, car elle serait la première coupable. Que des hommes, pour défendre l'indépendance de leur pays, se voient forcés de prendre des fusils et de gagner la montagne, ils commenceront, par une conséquence fatale, à marauder et à

razzier; puis peu à peu ils redonneront un libre cours
à ce penchant naturel pour le brigandage, que de longues
années de paix et les mesures énergiques du gouvernement avaient pu seules refréner. Leurs compatriotes ne
leur en voudront pas, bien au contraire; et leur souvenir, comme aujourd'hui le souvenir des Klephtes de 1820,
inspirera de naïves mélopées que les bergers feront entendre en conduisant leurs chèvres, et de sentimentales
romances que les jeunes Grecques roucouleront au piano
dans les salons d'Athènes.

A Nauplie, ville pénitentiaire, on peut voir de près les
derniers Klephtes. Aussi, avant de gagner la Thessalie et
les îles de l'archipel, théâtre des guerres toujours inache-
vées entre la chrétienté et l'islam, je tiens à me rendre
à Nauplie, par Eleusis, Mégare, Corinthe, Argos, ces
provinces vraiment grecques sur lequelles les musulmans
n'ont laissé d'autre trace de leur passage que la trouée de
quelques boulets.

... Le chemin de fer, disons mieux, le *siderodromos* (un
mot que nos professeurs de collège, combien coupables !
ont jadis négligé de nous apprendre), traverse un paysage
à la fois harmonieux et simple. Ici et là, les oliviers aux
panaches mousseux, légers, semblables à de petits nuages
d'un gris d'argent, s'estompent à côté de la tache plus
dense de cyprès décoratifs. Près de la voie passe le
Céphise, dont le lit aux trois quarts desséché sert de
refuge à toute une colonie de tortues sauvages.

Voici Eleusis, la cité des mystères, en apparence moins
un village qu'un campement de nomades; quelques maisons très basses et des ruines, beaucoup de ruines; le

cône noirci d'un four commun, la margelle d'un vieux puits, des loques suspendues à des cordes, des pans de murailles effrités sur lesquels sont perchées les poules qui picorent, ou quelque grande chèvre à barbiche de satyre, qui regarde l'horizon de ses yeux fous. Deux ou trois filles brunes rêvent sur le seuil de leurs portes. Au passage du train, des chiens aboient avec fureur.

Un peu plus loin apparaît la baie de Salamine, dessinant entre les montagnes un arc de cercle d'un bleu moiré de mauve. Vues à contre-jour, les petites lueurs vives qui en écrètent les vagues vibrent et poudroient comme des perles secouées.

En face de la mer, Mégare, d'aspect arabe, échafaude les blancheurs de ses maisons à terrasses. Cette ville est également célèbre par la beauté de ses femmes, de ses costumes et de ses danses.

A Mégare, il y a une grande place; sur la grande place, un petit café; devant le petit café, une treille. Les jours de fête, il fait bon s'échouer là, aux premières heures de l'après-midi. A travers le toit de branchages, le soleil se laisse tomber goutte à goutte dans les verres de rézinato en donnant à ce singulier nectar hellénique, à défaut d'un goût supportable, de radieux reflets d'ambre; et tandis que, les yeux éblouis, on regarde les jeunes filles exécuter au milieu de la place chauffée à blanc l'ancienne danse sacrée du *sirtos,* l'on se trouve plus moelleusement assis sur le banc aux arêtes vives du *cafeneion* que dans les meilleurs fauteuils Sarcey de nos grands théâtres.

Les Mégariennes ont pour coiffure des casques de sequins d'or; elles portent leur dot entière sur leur tête. Leur costume se compose d'une robe noire avec écharpe de gaze jaune, ou d'une robe bleue avec galons de laine rouge, d'un voile transparent, d'un tablier bariolé de couleurs vives. La jupe relevée diagonalement par-devant et rattachée sur le côté est le signe distinctif de la jeune fille ἐλευτερη, « libre, » c'est-à-dire de la jeune fille disposée à accorder sa main au beau palikare qui viendra la lui demander. A partir de huit ans, les petites Mégariennes tiennent fort à faire savoir qu'elles sont ἐλευτεραὶ; pour que personne n'en ignore, elles drapent leurs robes à la façon de leurs aînées avec une affectation charmante.

On peut saisir la différence de niveau moral qui sépare le Grec du Turc, en comparant aux grossières contorsions des almées de harem cette danse du sirtos, si chaste, si gracieuse, si artistique dans sa modestie même. Les danseuses, au nombre de trois cents environ, se divisent en longues files. Serrées coude à coude, les bras entrelacés, elles font trois pas en avant et de côté, puis trois pas en arrière, en chantant une mélodie très douce.

Rien de joli comme de voir se dérouler lentes, presque hiératiques, dans la lumière chaude qui les enveloppe, ces guirlandes vivantes de voiles clairs et de casques d'or; rien de joli comme d'entendre, rythmé par les petits claquements secs des babouches contre le sol, le concert de voix jeunes, retenues, presque voilées, d'un charme monotone comme des plaintes de flûtes lointaines.

Parfois l'une de ces « gracieuses prêtresses de Terpsichore » se détache de ses compagnes et, avec une aimable candeur, se mouche dans ses doigts.

Foin de la civilité puérile! Foin du progrès! Foin du modernisme! Il est impossible de quitter sans regret cette petite ville de Mégare, où depuis des centaines, des milliers d'années, les jeunes filles chantent les mêmes chan-

Rien de joli comme de voir se dérouler
ces guirlandes vivantes de voiles
clairs et de casques d'or.

sons, dansent les mêmes danses, tissent les mêmes laines sur le métier de Pénélope et puisent de l'eau à la fontaine des nymphes avec les mêmes amphores, les mêmes allures, les mêmes inflexions de bras.

Le train franchit sur un pont de fer le canal de Corinthe, qu'à travers le cadre étroit des portières on découvre dans toute son étendue, comme un ruban mince, trop mince, entre deux grands talus ocreux. Du tyran Périandre

(602 avant J.-C.) jusqu'au général Turr (1882 de l'ère chrétienne), on a fort parlé du percement de l'isthme de Corinthe; on y a même, à diverses reprises, activement travaillé. Tant que les travaux étaient en cours d'exécution, voyageurs et marins ne pouvaient assez vanter les avantages du futur canal, qui devait abréger de vingt-quatre heures la route du Pirée et apporter dans les frais de transport de réelles économies.

Maintenant que l'isthme est percé, les bâtiments des diverses compagnies, avec une louable prudence, préfèrent, comme auparavant, doubler le cap Malée. Le canal a une longueur de six mille quatre cent cinquante mètres et une profondeur de huit mètres; mais sa largeur est seulement de vingt-deux mètres. Or certains paquebots des Messageries maritimes ont eux-mêmes seize mètres de large; le moindre coup de barre maladroit suffirait donc à les jeter sur un bord, soit sur l'autre, ou même à les porter en travers des deux rives en leur faisant intercepter tout passage. En temps de paix, le canal de Corinthe est de peu d'utilité; en temps de guerre et pendant un blocus des côtes grecques, cette utilité serait tout à fait nulle.

De Corinthe à Nauplie, s'étend la plaine d'Argos, que j'ai parcourue à diverses reprises pour en visiter les nombreuses ruines. Une torche de résine à la main, j'ai pénétré, nouvel Anacharsis, dans le tombeau d'Agamemnon, à Mycènes. J'avais à ce moment autour de moi quelques jeunes Français, que l'ombre du roi des rois inspirait d'une façon toute particulière; ils ne citaient ni Homère ni Racine, mais sifflaient mélodieusement en chœur les vers bien connus de la *Belle Hélène* :

> C'est le roi barbu qui s'avance,
> Bu qui s'avance,
> Bu qui s'avance, etc.

J'étais ému.

Quant à la capitale même d'Agamemnon, c'est une petite bourgade paisible et assez gaie dans sa médiocrité dorée par le soleil, mais qui m'a laissé de fâcheux souvenirs. J'y ai fait le plus horrible repas qu'il soit possible de concevoir : oh! la sèche froide avec sa couronne d'épinards! oh! la crème de laitance de poissons! oh! les autres plats noyés dans le safran, l'huile rance, la friture de feuilles de vigne, les plats sans nom que je ne puis énumérer, car ma plume se met à cracher, prise de nausées violentes! oh! les marmites grasses, où, suivant la mode grecque, le cafedji avait exposé les produits de son art à l'admiration des gourmets! oh! l'engageant sourire du cafedji lui-même et l'accent de fierté avec lequel il demandait: *Isté kala, kyrie?* « Êtes-vous bien, monsieur? »

Au-dessus des portes de Nauplie est sculpté le lion ailé de Venise. La ville, du reste, est demeurée vénitienne avec ses rues étroites, ses boutiques enfumées, ses maisons à balcons surplombants. Jusqu'en 1834, Nauplie, capitale de la Grèce, possédait le roi dans ses murs; elle ne possède plus aujourd'hui que le bourreau du royaume et les criminels de marque. Le bourreau habite le fort Pouzzi, un minuscule blockhaus de pierrailles élevé au milieu de la baie de Nauplie; les criminels sont logés au fort Palamède, situé sur un rocher à pic aux flancs nus, brûlés, piqués de place en place d'énormes bouquets de cactus épineux. Du haut du fort Palamède on domine la ville entière.

Nous avons reçu du *frourarque* ou commandant de la place l'autorisation d'aller rendre visite au bourreau, faveur rarement obtenue et d'autant plus précieuse.

Le bourreau, en Grèce, est un ancien condamné à mort auquel le gouvernement accorde la vie sauve, sous condition de remplir durant sept ans les délicates fonctions d'exécuteur des hautes œuvres. Gratuitement nourri, logé et même un peu blanchi, il reçoit pendant cette période, en dehors de ses appointements de trois cents drachmes par an, une somme fixe de deux cents drachmes chaque fois qu'il a l'occasion d'exercer son ministère. On conviendra que c'est là une position sinon brillante, du moins honnêtement rémunératrice.

Si le monopole de la guillotine n'appartenait pas, en France, à la famille de « monsieur de Paris », haute noblesse du couperet, et que l'on s'avisât de recruter les bourreaux à la mode hellène, on trouverait, à coup sûr, pléthore de postulants. En Grèce, les condamnés préfèrent sans hésitation être exécutés qu'exécuteurs, à tel point ce dernier titre est méprisé, honni, considéré comme infâme.

« En 1847, le gouvernement chercha un bourreau dans le pays; il n'en trouva pas. Il en fit venir deux ou trois du dehors : il les vit massacrer par le peuple. Il s'avisa de prendre des soldats pour exécuteurs, le sénat ne le permit pas..., et lorsque le ministère de la justice fut assez heureux pour trouver un bourreau, il y avait dans les prisons trente ou quarante condamnés à mort qui attendaient patiemment leur tour. On liquida comme on put cet arriéré. »

Au petit jour, alors que la ville sommeille encore, que les sommets d'Itsch-Kalé et le roc du fort Palamède ne sont pas encore dégagés de la vapeur qui les enveloppe, nous prenons une barque pour gagner l'îlot Pouzzi. Nous sommes sûrs de trouver le bourreau chez lui, car l'infortuné fonctionnaire se voit forcé par la haine du peuple de demeurer enfermé sous une garde vigilante. Il n'en sort qu'aux

NAUPLIE. — Entrée du fort Palamède. — Un condamné à mort.

jours d'exécution; mais alors une forte escorte vient le chercher dans son île et l'accompagne à terre, où l'attend une voiture également gardée pour le transporter au triple galop jusqu'au lieu du supplice.

Autrefois le condamné devait, d'après le terme même de la loi, marcher à l'échafaud pieds et mains libres. Il arrivait souvent que, vigoureux et attaché à l'existence, il tentât de défendre sa vie jusqu'à la dernière extrémité. Alors entre le criminel et le justicier s'engageait un duel, si toutefois on peut appeler un duel cette lutte horrible, où un seul des deux combattants était armé. Le patient ne se laissait traîner sous la fatale machine qu'après avoir reçu plusieurs coups de poignard.

Depuis longtemps déjà ces coutumes ont été abolies, mais l'effet produit par les exécutions reste toujours le même. Ce que l'on écrivait à ce propos, en 1857, est encore vrai à l'heure actuelle :

« Le peuple retourne en ville en se demandant comment il pourrait bien faire pour assassiner le bourreau. C'est la morale de cette tragédie. »

Par mesure de prudence, il est généralement interdit aux embarcations de s'approcher de l'île Pouzzi, que l'on aperçoit de loin comme un bloc rocheux d'une teinte rousse uniforme. Cependant, usant de notre privilège, nous mettons délibérément le cap sur le petit fortin. Déjà nous en distinguons les tours édentées, les remparts percés de meurtrières. Encore quelques coups de rames, et nous pourrons apercevoir sur le rivage le sergent de garde, qui, nous ayant vus, lui aussi, se porte un peu inquiet à notre rencontre.

Nous abordons à la pointe de l'île, le long d'une estacade composée de grosses pierres entassées pêle-mêle, en façon de débarcadère; mais il faut attendre que notre laissez-passer ait été minutieusement contrôlé, pour sauter à terre et pénétrer dans l'intérieur du blockhaus.

Une porte en ogive, une cour triste avec des canons sans affûts alignés au milieu des gravats et des immondices, un escalier tournant entre deux murailles lézardées; en haut, sur la tourelle à créneaux, une étroite plate-forme, et là, se dessinant en silhouette noire sur le ciel clair, au milieu de grands vols d'éperviers qui l'effleurent presque de leurs ailes, le bourreau.

Vêtu en véritable gentleman, mais chaussé des traditionnels tsarouks, il marche de long en large en fumant sa cigarette, la tête basse, l'attitude morne. Son visage offre un singulier mélange de misère et de bassesse, de souffrance et de bestialité. La bouche est cruelle, les yeux malheureux. Il semble que seul, debout en face de la côte grecque, ce maudit entend monter jusqu'à lui, avec les flots de la mer, les menaces de tout un peuple. Devant la haine il pourrait peut-être se raidir encore, opposer l'orgueil de son défi; mais, sans aucun doute, c'est le mépris universel qui, plus fort que l'universelle malédiction, lui courbe les épaules, lui fait baisser les paupières, attache au coin de sa bouche ce sourire si douloureusement contraint... Nous voudrions l'interroger, il s'y refuse. Nous tentons du moins de tracer de lui quelque rapide croquis; mais il nous salue d'une légère inclination de tête, et les yeux toujours baissés, le dos voûté, les mains au fond des poches, il regagne silencieusement le pavillon voisin où se trouve sa chambre. La séance est levée.

Nous quittons le bourreau pour nous rendre auprès de ses futurs clients. Le fort Palamède, au moment où nous le visitons, contient quatre-vingt-sept forçats et vingt-trois condamnés à mort, dont trois frères chefs de bande.

Dans une première cour, fort sale, qui, du chemin de ronde où nous sommes, donne l'illusion d'une fosse aux ours, quelques prisonniers balayent. En nous apercevant, ils quittent leur ouvrage pour nous vendre des couteaux à manche sculpté et des fouets en laiton tressé, que leurs camarades leur passent à travers les fenêtres de leurs cellules.

Dans une seconde cour plus étroite et plus sale encore, la muraille est percée de quelques soupiraux, protégés par des grilles épaisses. Des sentinelles, baïonnette au canon, surveillent les condamnés à mort, qu'on aperçoit vaguement à travers ces barreaux. Il semble que ce soit folie de chercher à s'échapper d'une forteresse défendue par une triple muraille et perchée comme un nid d'aigle au-dessus de la mer. Pourtant, quelques jours avant notre visite, des prisonniers avaient réussi à préparer un plan d'évasion générale. Tout était merveilleusement combiné; un passage avait été frayé jusqu'à la première enceinte, et les condamnés n'attendaient plus que l'heure convenue pour reconquérir leur liberté. Il faut peu de chose pour faire échouer de grands projets. Furieux d'avoir reçu pour son repas moins de haricots que ses camarades, un prisonnier d'un tempérament jaloux révéla le complot quelques heures avant son exécution. Aussi, depuis ce temps, soldats et guichetiers, tremblants encore en pensant à la possibilité d'une telle évasion, redoublent-ils de vigilance.

En 1821, alors qu'une garnison turque occupait le fort Palamède, une femme, la kyria Bobolina, vint mettre le siège devant Nauplie. Originaire de Spitzia, petite île située près d'Hydra, elle haïssait les Turcs, dont le gouvernement tyrannique opprimait sa patrie. Elle avait de plus une vengeance personnelle à satisfaire; car, en 1812, son mari, emmené prisonnier à Constantinople, y avait été empalé par ordre du sultan. Aussi, consacrant sa fortune à armer trois navires, qu'elle mit à la disposition de son pays, au moment de l'insurrection, elle combattit elle-même les Turcs avec le plus grand acharnement, et les poursuivit avec sa flottille le long des côtes de l'Asie Mineure.

Le siège de Nauplie fut difficile; mais la persévérance et le courage de Bobolina triomphèrent de la résistance des musulmans, qui, au bout de quatorze mois de blocus, demandèrent à se rendre. On put voir bientôt, à l'entrevue de Tyrinthe, leurs principaux chefs se jeter aux pieds de cette femme héroïque et baiser le pan de sa robe en lui demandant grâce.

Chacun sait le rôle glorieux que les femmes grecques jouèrent pendant la guerre de·l'indépendance, et les noms de Modena Mavrocénis, Despo, Moskos et sa fille Kaïdos, Constance Zacharias, ont mérité de rester gravés à jamais dans le souvenir de leurs compatriotes. Mais cette race d'héroïnes n'est pas morte; les rares Français qui se trouvaient à Athènes au moment de l'insurrection crétoise ont remarqué le calme et le courage avec lesquels les Athéniennes se séparèrent de leurs maris et de leurs fils partant pour l'armée.

« Reviens dessus ou dessous, » disaient les femmes spartiates en donnant le bouclier à leurs guerriers; c'est cette même phrase que, sous une forme plus simple, les mères de 1896 répètèrent à leurs enfants comme dernier adieu : νὰ επανηλθης νικηθης, « reviens vainqueur. »

V

Des flocons de fumée noire empanachent les tuyaux encrassés de la machine; un large remous écumeux vient s'effranger autour de la coque en forme de sabot, et sans un cri, sans un sifflet, le petit cargo-boat de la Compagnie panhellénique quitte le Pirée. En route pour la Thessalie.

Devant les yeux des passagers accoudés avec des attitudes lasses le long des bastingages brûlés de soleil, défilent lentement les deux phares qui veillent sur l'entrée du port, les flancs pelés du Corydale, la coquette plage du Phalère.

Le Phalère est maintenant la station balnéaire à la mode, une réduction de Trouville, à vingt minutes de la capitale grecque. Casino, théâtre, cafés, vélodrome, rien ne lui manque. Aux premières heures de la nuit, pendant la saison chaude, les Athéniens s'empilent dans le chemin de fer ou dans les tramways, et, sous prétexte de respirer la fraîcheur de la mer, viennent au Phalère prendre des glaces, écouter de la musique, rire, causer, flirter, admirer et critiquer les toilettes nouvelles de la belle Mme ***kis ou de la toute charmante Mlle ***poulo. Elle semble bien jolie alors la minuscule plage mondaine, sous la lumière bleue des lampes électriques; cependant, n'en déplaise à Mme ***kis ou à Mlle ***poulo, le spectacle de la plus aimable potinière du monde, avec sa foule élégante et son éclairage perfectionné, ne saurait valoir la simple vue du Parthénon quand la lune, idéale veilleuse, baigne d'argent vif ses vieux marbres endormis...

Le Phalère disparaît, et voici qu'émergent au-dessus du promontoire rocheux du Sunium les blanches colonnes du temple d'Athéna.

Au moment où nous doublons le cap, nous apercevons à l'ombre des ruines, au milieu des chapiteaux renversés, une foule nombreuse d'Anglais qui déjeunent. Malgré la distance on croit entendre les sourdes détonations des bouchons de champagne, le cliquetis des fourchettes qui ferraillent rageusement contre la vaisselle, le crissement des couteaux qui ouvrent une brèche dans les remparts métalliques des boîtes de conserves. Pour la Grande-Bretagne, la contemplation d'un chef-d'œuvre est le meilleur des apéritifs; tous ses enfants font à Minerve l'honneur de considérer son temple comme un but d'excursion obligatoire et en même temps comme un emplacement très confortable pour pique-nique.

Le monument du Sunium marque le sommet du grand triangle élevé par les anciens en l'honneur d'Athéna, et dont le Parthénon et le temple d'Égine formaient les

deux autres côtés. Les Grecs, qui bien avant Chappe connaissaient la télégraphie optique, communiquaient de l'un
à l'autre de ces temples au moyen de grands feux. Il n'y
a donc pas lieu de s'étonner outre mesure de voir, au
XIXe siècle, les paysans insurgés se servir de phares por-
tatifs pour transmettre ou recevoir des messages entre
deux points éloignés.

Le Sunium disparaît à notre vue; quelques tours d'hé-
lice dans le canal de Zéa, et nous venons stopper devant
Ergastiria, plus connu sous le nom du Laurium. La
ville se montre noire, maussade, triste; elle est toute
hérissée de ces grandes cheminées d'usines, prosaïques
minarets de l'industrie moderne, qui s'harmonisent bien
avec les ciels lourds de pluie des pays du Nord, mais qui
jettent une note choquante comme un anachronisme dans
la limpidité des ciels d'Orient.

La découverte des mines du Laurium, ainsi que les
trois quarts des découvertes, est due au hasard. Vers 1860,
un navire sicilien ayant essuyé une tempête dans les environs du cap Sunium s'était vu forcé de sacrifier ses
marchandises et même son lest, qu'il avait remplacé,
une fois la tempête apaisée, par des scories volcaniques
ramassées sur le rivage. De retour à Cagliari, le capitaine fit jeter les scories sur le quai. Un ingénieur, s'y
promenant quelques jours après, vint à les remarquer;
il les examine, les étudie, trouve en elles de six à huit
pour cent de plomb argentifère, s'enquiert de leur pro-
venance, et, prévoyant une excellente affaire, demande
une concession dans le district du Laurium.

C'est ainsi que les mines, déjà exploitées par les Athéniens quatre ou cinq cents ans avant Jésus-Christ, furent redécouvertes à la fin du XIXe siècle. Aujourd'hui cinq compagnies, dont deux grecques et trois françaises, se partagent le district. La population ouvrière d'Ergastiria, très cosmopolite, parle grec, français, italien, espagnol. Quant aux ingénieurs, ils volapückent; en d'autres termes, ils parlent toutes les langues à la fois en les combinant de la plus singulière façon.

Nous quittons le canal de Zéa pour le canal d'Egripos, qui sépare la Péninsule de l'île d'Eubée. Le canal va en se rétrécissant de plus en plus jusqu'à la ville de Chalcis, où un pont tournant relie les deux rives. Il se produit à cet endroit un singulier phénomène de flux et de reflux. Pendant quelques instants le courant se précipite du nord au sud avec une vitesse de trois à quatre lieues à l'heure, puis revient en arrière avec une vitesse égale. Dans un espace de vingt-quatre heures, on compte jusqu'à quatorze de ces étranges mouvements. Quelles en sont les causes? Les savants les ont vainement cherchées jusqu'ici. On raconte même que le grand Aristote, après avoir longuement étudié le problème, se suicida du désespoir de n'avoir pu le résoudre.

A Chalcis donc, il faut une demi-heure d'arrêt pour attendre un courant favorable, le temps d'étudier dans ses moindres détails le vieux château du pont de l'Euripe; puis le voyage continue entre les côtes montagneuses, avec, de temps à autre, une halte dans un golfe tranquille. A chaque escale des tartanes viennent accoster notre paquebot, déversant sur le pont des bergers à houlettes bibliques et des evzones armés jusqu'aux dents, des guirlandes de cartouches croisées sur la poitrine.

Voici Deucalion, Pyrrha, ces deux bons vieux ancêtres du peuple hellène, transformés en rochers. Devant nous grandit la masse verte du Pélion, sur les flancs duquel vingt-quatre villages mettent de petites traînées blanches. Au pied de la montagne une autre tache plus blanche encore et aussi plus étendue nous annonce la ville et le port de Volo, la grande *échelle* de Thessalie.

« A moins d'être un brigand d'Épire ou un bachibouzouk enrôlé dans l'armée turque, on entre en Thessalie et on en sort par le golfe de Volo. Au nord, à l'ouest et au sud, le pays est fermé d'un mur haut de deux mille mètres, qu'escaladent avec peine quelques sentiers rocailleux. La côte orientale est hérissée de falaises que projettent le Pélion et l'Ossa. Quant au fameux vallon du Tempé, c'est une gorge sauvage, égayée de jasmins et de lauriers-cerises. Au contraire, les grandes plaines thessaliennes s'abaissent autour du golfe de Volo. De cette baie partait jadis l'expédition des Argonautes; toutes les escadres de l'Europe pourraient s'y donner rendez-vous [1]. »

Volo a conservé le caractère mal défini des villes en voie de formation; mais elle prospérera sans aucun doute, pour peu que la paix soit durable et que rien ne vienne plus mettre un obstacle à son libre développement. Les rues Solon, Jason, des Argonautes, voient passer chaque jour des gentlemen thessaliotes pour qui la Toison d'or

---

[1] Paul Monceaux, *Voyage en Thessalie.*

est demeurée le but de la vie, le symbole de la fortune à chercher dans d'heureuses opérations commerciales.

Le long de la rade s'étend le quartier neuf des « magazias » ou magasins, traversé par une ligne de tramways. Les magazias manquent de pittoresque : les maisons y sont trop régulières et la population banale. Les seules types qui puissent attirer les regards sont les vieux mendiants qui tendent la main en balbutiant de timides *Kyrie, eleison.* « Monsieur, ayez pitié de moi. » Il est vrai qu'il est assez facile de se dédommager de cette absence de couleur locale en gagnant les rues du vieux Volo. Là, changement complet : devant la foule multicolore la pensée est subitement saisie par le souvenir des exhibitions exotiques du Jardin d'acclimatation. Il semble que ce soit un barnum intelligent qui ait distribué aux indigènes les costumes aux teintes invraisemblables, combinant ces bleus crus, ces rouges vifs, ces violets intenses avec ces azurs éteints, ces ors fins et ces roses fanés. Voici, prise au hasard, la toilette d'une vieille dame : redingote saumon, pantalon toile à matelas à grands carreaux blancs et bleus, une petite calotte rouge sur les cheveux crêpelés, quelques bijoux faux.

Volo sert de débouché à Larissa, la grande ville de l'intérieur, célèbre par ses vignobles, ses cotonnades et ses soieries. Larissa a beaucoup souffert durant la guerre thessaliote. Cependant les notes que je lui consacrais durant mon voyage peuvent peut-être avoir encore leur intérêt, pour peu que l'on ait soin de lire au passé ce que j'écrivais alors au présent.

« Avec ses vingt-sept minarets, ses mosquées silen-

cieuses, ses maisons aux fenêtres closes, Larissa, l'ancienne Yenitscheri Bazar, a une physionomie bien orientale. Cependant, comme toutes les villes récemment
cédées à la Grèce par le traité de Berlin, elle voit,
paraît-il, chaque jour diminuer sa population musul-

LE PÉLION ET VOLO. —
Croquis d'album.

mane. Faut-il en conclure que l'élément grec opprime
l'élément turc? Nullement. Si un grand nombre de
musulmans, obéissant à une influence instinctive, ont
émigré vers des pays où flotte librement le drapeau de
l'islam, ceux qui sont demeurés en Thessalie se déclarent
enchantés de leur sort. Après avoir été opprimés par un
gouverneur bey ou pacha, véritable tyran qui les acca-
blait d'impôts, ils se voient administrés par de braves
monarques (préfets), assistés de non moins braves dé-

marques (maires), tous simples, bienveillants et san
morgue. Ils jouissent des mêmes droits civiques que les

Une gare de chemin de fer en Thessalie.

chrétiens et sont représentés à la Chambre
par un des leurs. »

Il est probable que si notre député musulman connais-
sait son collègue de Larissa, il l'écraserait de son mépris.
L'élu de Thessalie, quand il va siéger à la Chambre hellénique, se garde de jouer, dans la rue du Stade, la scène

de mamamouchis de M. Jourdain, ou de troubler l'eau déjà si rare de l'Ilyssus en y trempant ses pieds au milieu d'une foule d'admirateurs. Cependant il est aussi célèbre dans son pays que le député de Pontarlier dans le sien ; tout en défendant les intérêts de ses coreligionnaires, il se montre ardent philhellène. Au commencement des hostilités, il a fait armer à ses frais, contre les Turcs, deux cents volontaires macédoniens, sans craindre un désaveu de ses électeurs. Les musulmans de Thessalie n'ont-ils pas eux-mêmes envoyé des félicitations aux Crétois pour leur attitude héroïque, en les engageant à demander leur annexion à la Grèce? Il est prouvé que dans toutes les provinces, du Pélion aux monts Camburniens, de l'Olympe aux Thermopyles, chrétiens et musulmans vivaient en fort bons termes. Dans un café de Pharsale, j'ai pu voir ce touchant exemple de tolérance religieuse et de fraternité internationale dont parle Deschamps dans sa *Grèce contemporaine* : le pappas et le mufti jouant ensemble aux cartes, conseillés par leurs ouailles respectives.

Un chemin de fer à voie étroite relie Volo à Kalabaka, avec un embranchement de Velestino à Larissa.

Quand on vient de parcourir le plateau rocheux du Péloponèse et ce nid de poussière qu'on appelle l'Attique, on est vivement frappé de la fertilité du sol de la Thessalie. Tout le long de la voie les gras pâturages succèdent aux verts herbages, les verts herbages aux gras pâturages : d'un côté, la vallée vient se heurter à la chaîne neigeuse des monts Othrys; de l'autre, elle moutonne à l'infini.

Plongés à mi-corps dans la vase d'un ruisseau, les buffles noirs élèvent pour nous regarder leurs grosses têtes farouches toutes bavantes; mais je ne retrouve pas dans leur œil injecté de sang l'expression inoubliable de « la vache regardant passer le train », qu'immortalisa Caran d'Ache. Une cigogne accompagne le train pendant quelques minutes et vient interposer entre la portière et la lumière du dehors l'écran de ses grandes ailes déployées.

Après avoir dépassé Pharsale (arrêt, buffet!) et son champ de bataille doublement célèbre, la nature devient plus sauvage, la population aussi. La plaine est semée de campements valaques : tentes brunes, chevaux entravés, marmites colossales, loqueteux d'une malpropreté splendide, chiens, moutons, marmaille; des Callot en nature. Ces campements semblent se multiplier à mesure que l'on approche de la ville de Trikala, dont les bergers valaques font leur quartier général pendant la mauvaise saison.

Trikala a conservé un fond de turquerie, un bazar important où l'on vend des céréales et du tabac, des mosquées, des seraïs et quelques petits cafés blottis sous l'ombre obscure des platanes. L'unique auberge de la ville s'intitule fièrement *Hôtel de la Grande-Idée*. Un beau titre; mais quelle est cette grande idée? Information prise, c'est celle que tout bon Grec ne cesse de nourrir, celle de la mère patrie retrouvée, celle de l'homme malade achevé, de Stamboul reconquise, de la croix placée à nouveau sur le dôme de Sainte-Sophie. En attendant la réalisation plus ou moins prochaine de cette grande idée, Trikala est en plein développement. En quinze ans, sa population a doublé.

La station terminus du chemin de fer est Kalabaka, au pied même des roches Météores, à quelques pas de la frontière turque.

L'impression générale que l'on conserve de cette rapide traversée de Volo à Kalabaka est que la Thessalie, déjà riche au point de vue commercial, pourrait devenir rapidement le véritable grenier de la Grèce, si l'on remédiait à la rareté de l'eau par d'ingénieux systèmes d'irrigation. Depuis plusieurs années déjà, quelques propriétaires ont fondé d'importantes exploitations agricoles, dont quelques-unes sont dirigées par d'anciens élèves de Grignon.

KALABAKA. — Entrée de la ville.

Malheureusement la politique vient arrêter, pour quelque temps peut-être, la fortune de la Thessalie.

Le champ de culture est devenu champ de manœuvre, puis champ de bataille; les magasins ont été transformés en ambulances ou en casernes; durant plusieurs mois les chemins de fer n'ont transporté que des soldats ou des volontaires. Les moines des Météores eux-mêmes, réfugiés dans leurs couvents aériens, ont dû assister, spectateurs impuissants, à l'envahissement par les soldats de l'islam de la terre chrétienne de Grèce.

VI

Les « caloyers ». — Visite aux Météores. — Ascension difficile. —
Saint - Varlaam.

« En Grèce, écrivait un ecclésiastique français, la grande question de la réunion avec Rome des communautés séparées, pour laquelle les évêques, les prêtres séculiers n'ont pas de répulsion marquée, dont ils parlent même comme d'une mesure avantageuse pour la chrétienté tout entière, n'a pas de plus redoutables adversaires que les hommes de couvent. »

Alors que le niveau intellectuel du clergé séculier s'est beaucoup élevé durant ces dernières années, grâce à la fondation de nouveaux collèges, de nouveaux séminaires, d'une nouvelle Université, les « caloyers », — c'est de ce nom que l'on désigne généralement les membres des communautés religieuses, — continuent d'être recrutés parmi les jeunes paysans destinés au cloître par leurs parents, comme leurs frères sont destinés à la marine ou à la culture des champs.

En Grèce, les futurs moines sont autorisés à suivre

la vie monastique à partir de six ans : ce sont des novices dans toute la force du terme. Par contre, les jeunes gens prennent rarement la robe passé leur vingtième année.

Il n'est pas étonnant qu'ainsi recrutés les caloyers ne possèdent souvent qu'une instruction des plus sommaires. Les bibliothèques des monastères, en dépit des richesses qu'elles possèdent, sont des antres mystérieux, inviolés, où les araignées peuvent librement dresser le catalogue suivant leur méthode particulière, sans que les ermites, piqués d'émulation, s'avisent jamais de les déranger dans leur travail.

Aujourd'hui les communautés deviennent de moins en moins nombreuses, de moins en moins puissantes, de moins en moins riches. Cependant les moines sont demeurés populaires, et, je n'hésite pas à le dire, ils méritent leur popularité.

On ne saurait oublier que, dans le passé, leur patriotisme a sourdement préparé l'insurrection. Et puis, si le plus souvent les caloyers manquent de culture intellectuelle, on ne saurait méconnaître, d'autre part, la tranquillité de leurs mœurs, la régularité de leur conduite, l'aimable simplicité de leur vie. Ils ont droit, sous ce rapport, à notre plus profond respect.

Derrière Kalabaka, à l'issue des gorges par lesquelles le Pénée se fraye un passage au sortir des défilés du Pinde, se dresse toute une forêt de pierres gigantesques taillées et sculptées par les siècles, rongées sous l'action des eaux. On croirait voir les ruines d'une cité de titans, un vertigineux chaos de menhirs fusant vers le ciel en jets de plusieurs centaines de pieds. Comment décrire de telles merveilles? Multiplier les images hardies, les épithètes audacieuses, les comparaisons hyperboliques, les points d'exclamation et d'admiration, tout cela pour arriver à une prose soufflée, gaufrée, indigeste, du lyrisme de potache, de l'idéal de roman-feuilleton?... Peut-être serait-il préférable d'imiter le laconisme de ce touriste célèbre qui, après avoir vu l'Alhambra en Espagne, témoignait ainsi de son enthousiasme sur le livre des étrangers : « J'ai vu le palais de Grenade, et j'en ai été satisfait. »

Il semble qu'en pénétrant dans ces mornes défilés, l'on pose un pied sacrilège dans le domaine de la légende. Toute cette région frontière est l'ancien royaume du monstre Itavros, qui, « dans la montagne, empêchait les eaux de couler dans la plaine. Pour leur laisser un libre cours, il exigeait qu'on lui livrât chaque année une jeune fille à dévorer. Ce fut le tour de la fille du roi. Elle se rendit sur la montagne, et elle tremblait de tous ses membres. Un vieillard vint à sa rencontre, qui la calma par des paroles affectueuses et qui la pria de lui pouiller la tête. Il posa sa tête sur les genoux de la jeune fille et s'endormit. Le monstre parut à ce moment, et une larme tomba des yeux de la jeune fille sur la joue du vieillard; cette larme réveilla le saint, car c'en était un, le monstre fut tué, et depuis lors les eaux fécondent librement les champs thessaliens. »

Le monstre Itavros n'existe plus, et pourtant, malgré soi, l'on peuple de mille visions romanesques ce coin de terre inconnu; malgré soi l'on couronne le sommet des rochers de châteaux-fantômes, où des princesses aux yeux de violette, retenues captives par quelque maléfice, attendent la venue d'un paladin libérateur. Et comme pour donner raison au rêve contre la vraisemblance, à la chimère contre la réalité, l'on aperçoit, pour peu qu'on lève les yeux, des toits en parasols garnissant les étroites plates-formes, des poivrières et des tourelles accrochées aux aiguilles, des galeries de bois surplombantes; enfin, contournant les pilastres, de frêles escaliers échafaudés à même l'espace...

Il est vrai que ces châteaux ne renferment ni monstres ni sorciers, encore moins de princesses aux yeux de violette; personne autre que de vieux ermites à la barbe grise et au cœur simple : ces châteaux sont les Météores.

On désigne sous ce nom de Météores, — littéralement, « monastères en l'air, » — de pieux édifices que fondèrent, il y a plusieurs siècles, des moines désireux d'assurer leur salut dans cette vie comme dans l'autre : utile précaution à une époque où les brigands turcs et albanais infestaient le pays. Autrefois on comptait vingt-quatre mille météores situés sur autant de roches différentes; ils formaient par leur réunion une σκῆτος, c'est-à-dire un territoire abandonné aux ascètes et aux moines, un district de couvents confédérés, une thébaïde. Aujourd'hui la thébaïde ne comprend plus que sept couvents, trois grands : le Météore proprement dit ou « Large Rocher », Saint-Varlaam, Saint-Étienne, et quatre petits ou « monèdres » : Haghia Trias, Hypapandi, Haghios Nicolaos et Haghia Moni. « En les voyant ainsi planer dans

les airs, on est tenté de croire que Dieu a bâti tout exprès
pour les moines ces colonnes naturelles, sans doute pour
propager l'une des formes les plus singulières de l'ascé-
tisme oriental et permettre au monde de voir des communautés de stylites. » (Heuzey.)

Un vieil Hellène de mes amis, homme de bien, mais
fervent disciple de Dionysos, le Bacchus grec, c'est-à-dire
toujours entre deux vins ou toujours entre deux *mastics,*
m'a confié son projet de faire paraître un livre important
sur les Météores. Il ferait là œuvre utile. Aucun écrivain
de l'antiquité n'a mentionné ces rocs étranges, et les seuls
renseignements historiques que nous possédions à ce
sujet viennent d'un manuscrit découvert en 1864 par le
savant Heuzey, dans la bibliothèque du Grand-Météore,
au milieu d'un fatras de bulles, de libelles, d'actes divers,
dormant côte à côte sous le même linceul de poussière.
Le manuscrit en question ne porte ni date ni signature,
mais selon toute vraisemblance a été écrit dans la
première moitié du xvie siècle par un évêque de Stagi.
L'auteur, dans sa préface, s'intitule : η εμη ταπεινετης, « mon
humilité. » Or, dans la religion orthodoxe, ce titre
appartient exclusivement aux évêques, comme celui de
η εμη μετριοτης, « ma médiocrité, » appartient aux pa-
triarches.

« Notre très saint évêché, — ainsi commence le manuscrit, — possédait anciennement et dès l'origine la suzeraineté de la thébaïde. L'église de la plus que chaste Mère
de Dieu, surnommée Doupianos, était honorée au début
comme le chef-lieu de la thébaïde de Stagi, et elle avait
également dans sa dépendance les ermitages construits à

l'entour pour servir de refuge et de défense. En effet, elle est située sur le territoire, au pied même des roches Météores. Or, dans la nuit des temps, il s'est trouvé un homme ami de Dieu qui éleva dans les cavernes environnantes quatre églises pour sa propre défense et pour celle de toute la thébaïde. C'est que véritablement il y avait alors une grande terreur causée par les brigands. Après la construction et l'achèvement de ces églises, il plaça l'inscription suivante à la place où l'on marque la date des peintures : « Construit de fond en comble et décoré « de peintures par le concours du très honorable moine « et prêtre Kyr Nilos, catigoumène du vénérable couvent « de la plus que chaste Mère de Dieu Doupiani et primat « de la thébaïde de Stagi, à l'époque où régnait à Tricca « (aujourd'hui Trikala) notre très pieux et très honoré « maître Kyros Simon Paléologue Omesis, et lorsque « notre prélat très ami de Dieu, Kyr Bessarion, était « évêque de Stagi, l'an 6875 (1367 après Jésus-Christ). »

Après avoir donné le nom des successeurs de Nilos et des autres moines fondateurs, le manuscrit résume l'histoire des Météores. Il expose brièvement les rivalités qui ne manquèrent pas de s'élever à mesure que disparaissait l'ancienne simplicité de la vie ascétique; il montre les moines s'armant les uns contre les autres aux époques troublées; il en décrit les luttes, les discordes; il flétrit surtout la conduite orgueilleuse et les empiètements des moines du Grand-Météore, et, pour conclure, en appelle à la justice civile: « Mais, hélas! comment pourrions-nous nous faire entendre, nous qui n'avons ni buffle à traire, ni brebis; nous qui ne mettons dans la bouche de nos gouvernants ni crème ni fromage fin, qui ne pouvons fournir aux juges ni mulet ni poulain, ainsi que font nos adversaires, et c'est par là qu'ils obscurcissent la justice ? »

Quatre cents ans sont passés sur tous ces débats, et de nos jours la paix règne entre les monastères subsistants. Si le silence de la montagne est encore troublé, ce n'est plus du bruit de leurs querelles.

Tous les météores se ressemblent ; cependant nous ne tenons à visiter, mes compagnons de route et moi, ni le Grand-Météore, trop souvent décrit, ni Saint-Stephanos, trop confortable. Saint-Stephanos, le seul couvent auquel un sentier donne accès, possède, *horresco referens,* des lits et une table d'hôte. C'est une Grande-Chartreuse grecque, un Rigi Kulm ecclésiastique, où l'on commence à venir par mode admirer les levers du soleil. Le mieux est de rendre visite au vieil ermitage si peu connu de Saint-Varlaam.

Précédés de nos *agoyates,* nous chevauchons rapidement pour contourner le massif de rochers qui borne à l'ouest la ville de Kalabaka. Avec ses pierres roulantes, le sentier semble le lit d'un torrent desséché. A gauche, d'épais taillis, nids propices aux embuscades ; à droite, un rempart sans fin, formé de conglomérats aux stries régulières et bizarres, avec de loin en loin un pan de roc aux arêtes plus vives, affectant des formes de pyramides, de colonnes penchées, d'hiératiques statues. Sous les broussailles grises et comme brûlées, aux taches rousses, on entend des froissements de feuilles sèches ; de petites tortues s'en échappent et, tout en clopinant, traversent la sente presque sous les pieds des chevaux.

Nous traversons à gué un obscur affluent du Pénée, et soudain, dans un cirque de granit à peine égayé de quelques lauriers-roses, apparaît l'étrange village de Kastraki. Grises comme le sol, grises comme la roche, grises comme la végétation, les maisons bordent le ravin. Par derrière, la montagne s'entr'ouvre pour permettre au ciel de descendre jusqu'à la terre en profonde coulée d'azur, et seule, au milieu de cette fente bleue, s'érige par un miracle d'équilibre une monstrueuse aiguille de pierre presque entièrement minée à sa base.

Tournant le dos au village, nous continuons d'avancer. De ce côté cependant, la montagne semble former une infranchissable barrière. Ce n'est qu'au moment même où nous croyons nous heurter contre elle que nous la voyons brusquement se déchirer, livrant un passage étroit, un couloir ténébreux et glacial, qu'encombrent d'énormes éboulis de roches, veloutés de mousses, brodés de fougères naines. Encore une montée rude, mais assez courte, et nous nous trouvons définitivement arrêtés au pied d'une immense paroi lisse, verticale et nue. Au-dessus de nos têtes un minuscule pigeonnier, avec poutrelles et galerie de bois, se montre acrobatiquement suspendu au flanc de la montagne. Ce pigeonnier représente l'unique entrée du couvent de Saint-Varlaam. Nous sommes arrivés.

A l'appel de nos guides, les moines sont venus se pencher au-dessus de la galerie. Nous les voyons, à distance, gros comme des points noirs; mais leurs voix nasillardes portent jusqu'à nous. Ils discutent, ils parlementent, s'informent auprès des agoyates de notre moralité. Les réponses doivent être satisfaisantes, car dix minutes ne sont pas écoulées que nous voyons descendre vers nous, suspendu à une longue corde, un petit filet aux fines résilles, et dont le fond n'a presque plus de mailles. Tel est, dans son antique simplicité, l'ascenseur encore en usage aux Météores de Thessalie.

Nous nous installons du mieux que nous pouvons dans le fragile appareil, et l'ascension commence, vertigineuse, le long de cette muraille abrupte, dont la hauteur est sensiblement égale à celle des tours de Notre-Dame. Le poids d'un homme ne suffit pas à maintenir la corde dans sa position normale. Il vous arrive, tantôt de tourner avec une extrême vitesse, tantôt d'être entraîné à droite ou à gauche au hasard des coups de vent, pour revenir plus vite qu'on ne voudrait prendre contact avec le roc. Est-on parvenu à la hauteur de la plate-forme, un caloyer armé d'un harpon tente de vous amener à lui. Redoutant, — et l'on ne saurait lui en faire un blâme, — d'être attiré dans le précipice, il opère avec prudence; parfois, après vous avoir maintenu quelque temps au bord même de la plate-forme, c'est-à-dire une partie du corps à l'intérieur du couvent, l'autre demeurée au dehors, position fausse s'il en fut jamais, la fatigue le force à lâcher prise, et l'on retourne se balancer dans le vide, en attendant qu'un suprême effort vous précipite à l'intérieur.

Je m'appesantis peut-être trop longuement sur tous ces détails, mais je dois avouer que la pratique de ce mode si peu banal de locomotion abonde en sensations ineffaçables. Ordinairement la peur se calme quand on la raisonne : ici le raisonnement la justifie et l'augmente. On tremble doublement en examinant de près le dispositif de l'appareil. La corde s'engrène sur une poulie et vient s'enrouler autour d'un cabestan. Mais cette poulie n'a pour point d'appui qu'une frêle toiture; mais ce cabestan repose sur un lattis de planches si minces, qu'elles plient en gémissant sous les pieds, et à ce point disjointes qu'à travers les fentes l'on peut facilement mesurer l'abîme.

Pour nous faire monter, quatre hommes se sont attelés au cabestan, trois vieux caloyers, maigres, ridés, voûtés, parcheminés, hirsutes, et un malheureux infirme, qui doit remplir ici les humbles fonctions de frère lai. Après nous avoir remis sur pied, les caloyers nous serrent les mains avec effusion et... nous demandent des cigarettes. Fumer est la seule jouissance qui leur tienne encore au cœur; pour le reste, ils semblent complètement détachés des biens de la terre, entre autres de ce prosaïque objet que l'on appelle savon et dont ils ont dû oublier l'usage depuis de longues années déjà. Comme l'a fait remarquer Mme Marie-Anne de Bovet, « saint Antoine a dit aux moines : Que la netteté de ton visage, de tes mains, de tes vêtements, soit le signe de la pureté de ton cœur et de l'innocence de ta vie. » Et, d'autre part, saint Basile : « Que l'humilité du religieux paraisse dans son extérieur, qu'il ait la tête mal peignée, l'habit sale et négligé. » Les moines grecs tout naturellement suivent moins volontiers les préceptes de l'archevêque de Milan que ceux du vénérable Père de leur Église.

Après avoir satisfait les désirs des caloyers par une ample distribution de cigarettes *minerves*, — et notons en passant qu'en matière de tabac la déesse de la sagesse est bien inférieure à un vulgaire *caporal*, — nous gagnons

Village de Kastraki (Météores).

par une voûte taillée en plein roc la chapelle du monastère, où nous retrouvons nos guides occupés à baiser pieusement les saintes images.

La chapelle de Saint-Varlaam est de petite dimension et disposée en forme de croix dont les bouts sont arron-

dis. Les fenêtres, ayant pour vitres de simples culs de
bouteille fichés dans le plâtre, laissent tomber à l'intérieur sur les fresques byzantines une lumière tamisée
d'une coloration splendide. Partout de vieilles icônes, des
reliques, d'antiques lampes de bronze, des meubles dis-
parates datant de la domination ottomane, et que l'on
serait moins étonné de trouver dans un haremlick que
dans une chapelle : fauteuils sculptés, tentures de soie
brochée, coussins, guéridons à narghilé entièrement in-
crustés de nacre; et puis dans un coin, jonchant les
dalles, d'énormes in-folios tout poudreux. Devant la
porte, sous un large vestibule à colonnades, s'entassent
les provisions du couvent, au milieu de jarres de terre,
d'outres, de peaux de chèvre et d'agneau, de cloches, de
ferrailles, de *simandres* ou « tablettes de signal », que
l'on frappe avec un maillet de bois. Sur une tuile encas-
trée dans le mur, on lit ces mots : « Nectarios et Teophanes de Joannina, de la famille des Apiarras, moines
et prêtres fondateurs en l'année 7050 (1542 après Jésus-
Christ). »

Si l'on en croit le manuscrit découvert par Heuzey,
Nectarios et Teophanes donnèrent durant leur vie les
marques d'une grande sainteté et eurent fort à souffrir
de la haine de leurs voisins du Grand-Météore : « Cependant, au milieu de ces maux, les très saints prêtres Kyr
Nectarios et Teophanes, qui habitaient le rocher de Varlaam, voulurent avoir un coin de jardin dans les bois afin
de se procurer un peu de délassement. Durant trois ans
ils le défrichèrent, l'ensemencèrent, le plantèrent; mais,
quand ils l'eurent bien nettoyé et enclos de murs, la

jalousie s'alluma contre eux. Le jour du grand lundi, au moment où tous les chrétiens célébrant la Pâque chantent avec joie : « Appelons-nous frères et pardonnons à tous « ceux qui nous haïssent en l'honneur de la Résurrec- « tion! » les moines du « Large Rocher » s'étant armés d'une quarantaine de haches, ayant mis à leur tête leur higoumène et retroussé leurs robes comme pour aller en guerre, coururent au jardin et le hachèrent avec fureur jusqu'à ce qu'ils l'eussent réduit à néant. »

Les différents corps de bâtiments de Saint-Varlaam, d'architecture romano-byzantine, avec ornements de briques apparentes, entourent l'étroite plate-forme, laissant entre eux l'espace d'une petite cour. Au centre, sous un cyprès où chantent des rossignols, un moine à longue barbe est assis par terre sur une natte, occupé à raccommoder quelques lingeries, tandis qu'au fond, sur la galerie longeant le précipice, passe comme une ombre l'higoumène centenaire, courbé sur une béquille. Et, sous le ciel rosé du soir, rien d'impressionnant comme cet ermitage aérien, d'un calme si profond, si doucement berceur, où l'on entend seulement, naïf cantique à la gloire de Dieu, des prières de vieillards mêlées à des chants d'oiseaux.

La nuit est presque tombée quand je pars à la découverte pour visiter le couvent, seul, à ma fantaisie. Ce voyage d'exploration abonde en surprises. Dans un coin plein d'ombre, je suis accueilli par le rire strident d'un moine fou; dans un autre, par le grognement furieux d'un porc, sans doute quelque grasse victime jalousement gardée pour les agapes de la Saint-Jani, Vasili, Dimitri, Varlaam, ou autres fêtes carillonnées. Sur la cime rocheuse, tous les accidents de terrain ont été utilisés. C'est un dédale de galeries, de voûtes, de couloirs, qui se croisent et s'entre-croisent comme dans des catacombes, d'escaliers aux marches branlantes, où souvent le sol se dérobe sous les pas, et puis, de tous côtés et au moment où l'on ne s'attend pas à le rencontrer, le précipice béant. Je pense plusieurs fois me rompre le cou; aussi, renonçant de bon cœur à mon entreprise, je vais saluer l'higoumène qui, dans la cuisine, une sorte de caverne fumeuse, se chauffe près d'un grand feu; puis je retourne partager avec mes compagnons le repas du soir.

La chambre des étrangers est divisée, suivant la mode orientale, en deux parties, dont l'une plus élevée que l'autre et séparée de celle-ci par une galerie de bois. Le long de la muraille s'allonge le divan étroit qui doit nous servir de lit de camp.

Déjà la table est dressée et le couvert mis. Des bassines d'étain bosselées, lourdes et massives, servent d'assiettes. Les couteaux semblent des yatagans, les cuillers des masses d'armes. Une chandelle agonise dans un flambeau de cuivre forgé, dont le métal aux reflets éteints se damasquine de vert-de-gris.

Hélas! grossier et primitif comme le reste, le repas qui nous est offert: du lait caillé et quelques poireaux crus, du pain mal bluté avec d'épais grains de maïs crevant la croûte, le tout arrosé de vin lourd, un vin d'un violet presque noir. Nous mangeons en silence, sans dégoût comme sans plaisir, sentant peser lourdement sur nous l'isolement de cette pièce trop vaste, trop obscure et trop froide, et la mélancolie des choses si vieilles qui nous entourent. Le frère lai a peut-être soupçonné notre état d'âme. Il cherche à nous égayer en engageant avec nous une conversation en français. Malheureusement son bagage de polyglotte est restreint. Après nous avoir répété deux ou trois fois et sur différentes intonations cette phrase marquée au coin d'un rustique bon sens : « Paris, ville grande; Kalabaka, pas si grande, » il disparaît, revient nous apporter en guise de couvertures quelques peaux de chèvres, et disparaît définitivement en nous lançant un cordial *kalispera* (bonsoir).

Au dehors le vent s'est levé. Il siffle en fouettant les sommets; il hurle en s'engouffrant dans l'étranglement des vallées; il monte, descend, tournoie, remonte pour redescendre encore. Un fou, ce vent des montagnes, et un comédien de génie. A tout instant sa voix se transforme. Tantôt il fait entendre de ces notes vibrantes que le berger klephte tire de sa flûte de roseau, tantôt de ces mélodies douces et monotones que les théories de jeunes filles chantent en dansant dans les fêtes antiques; tantôt des clameurs de guerre, des claironnées de bataille, l'appel aux armes des palikares. Pauvre Saint-Varlaam, résistera-t-il aux assauts furieux qui lui sont livrés? Sa carcasse de bois hoquette et gémit comme la membrure d'un vaisseau un soir de tempête.

Peu à peu cependant l'assoupissement nous gagne. Nous n'entendons plus qu'inconsciemment les craquements vagues des poutres, et, dans la cour intérieure, la longue plainte du cyprès que tordent les rafales. Seulement l'engourdissement de la pensée, joint à la perception de tout cet espace immédiat qui nous entoure, qui

nous presse, qui nous porte, détermine en nous d'étranges
sensations à la fois voluptueuses et pénibles. Il nous
semble que la masse des rochers a tout entière oscillé,
qu'elle s'est mise en mouvement, rompant les derniers
liens qui la rattachent au sol, et que, enlacée par le vent,
elle valse lentement dans le vide...

Le jour paraît, d'abord une lumière incertaine, brouil-
lée, ouateuse, couleur de sommeil, qui ne tarde pas à se
dissiper au premier attouchement des classiques « doigts
de rose ». Le vent est tombé, et Phoïbos monte gaiement
dans un ciel pur. Tandis que le Grand-Météore, exposé
directement à ses premiers rayons, resplendit comme une
icône, que ses moindres reliefs s'accusent en contours
nets, fouillés et soulignés d'ombres, les montagnes à
l'ouest de Saint-Varlaam demeurent à contre-jour, enca-
puchonnées d'une brume fine qui enveloppe les croupes,
noie les aspérités, atténue la brutalité des lignes, baigne
tout, idéalise tout de ses fumées bleues d'encensoir...

Trop tôt, l'heure du départ sonne pour nous. Un dernier
verre de mastic, des adieux touchants, et en route. Nous
réintégrons notre filet ; des mains nous saisissent ; d'un
seul geste, comme en un plongeon, nous sommes lancés
au dehors. A l'exemple de certains poètes extatiques, je
crois

> ... aborder les continents du rêve,
> Qu'entourent de chaos le remous éternel,
> Et m'y perdre à jamais, impondérable atome,
> Fluide, souffle, vapeur, lave, essence, fantôme,
> Ombre dissoute dans l'impalpable élément...

Mais un choc violent vient me rappeler le caractère con-

tingent de ma dépouille mortelle. Les moines se contentent de retenir le cabestan pour empêcher la corde de
se dérouler d'un seul coup, mais ils ne surveillent pas la
descente. Ils pensent, avec leur habituel bon sens, que
le voyageur est suffisamment averti de son arrivée à terre
lorsqu'il sent sa base heurter le rocher.

Je puis constater par moi-même combien leur raisonnement est fondé. D'ailleurs, par suite de la brusque
détente de la corde, le lourd anneau de fer qui retient le
filet vient me frapper rudement sur la tête et m'annoncer
ainsi, d'une manière encore plus catégorique, mon arrivée à bon port.

VII

Si, au printemps de 1897, on pénétrait en Macédoine
après avoir parcouru les postes frontières de Thessalie,
on restait vivement frappé du contraste que présentaient
les deux armées ennemies : du côté de la Grèce, des
hommes enthousiastes, fiévreux, passant leur temps à
crier *Zitô o polémos!* et à danser des *tsarmikos* de guerre;
côté de la Turquie, des soldats minables, faméliques, à la
fois tristes et calmes, de ce calme résigné qui caracté-
rise les fatalistes. L'armée ottomane possède des qualités
cachées que je ne puis méconnaître; mais quelle apparence peu flatteuse! Ce serait, à mon sens, une grave
erreur de vouloir juger l'armée tout entière d'après les
troupes vues à Constantinople le jour du Selamlik.

Tous les vendredis, le chef des croyants va prier Allah
dans une mosquée quelconque, ordinairement la plus
rapprochée d'Yldiz-Kiosk. Il s'y rend en landau, au pas,
escorté par les hauts dignitaires de l'empire, et s'en

revient de la même manière, mais au grand trot : les généraux et fonctionnaires, forcés de suivre à pied leur gracieux souverain, prennent bravement le pas de charge malgré leur embonpoint pachalique. Les aiguillettes volent, les brochettes de décorations s'entrechoquent, la sueur qui perle sur les crânes et les dorures qui soutachent les uniformes brillent d'un même éclat. C'est un imposant spectacle.

Ce qui est plus imposant encore, c'est le grand déploiement de troupes que nécessite le Selamlik. Ce même jour, près de soixante mille hommes sortent de leurs casernes : infanterie, cavalerie, artillerie et zouaves-gardes s'échelonnent sur le passage du cortège impérial pour empêcher, autant que possible, tout attentat contre la personne du maître. De loin, avec leurs fez rouges ou bruns, les régiments semblent coiffés de coquelicots ou de pavots sombres; les flammes des lances flottent et cliquettent, les musiques jouent des marches françaises, et le spectateur griffonne sur son blocknotes, avec beaucoup de points d'admiration : armée turque splendide! ignorant que ces troupes de Constantinople sont des troupes de parade, les seules qui soient régulièrement payées et entretenues par le sultan : de la poudre jetée aux yeux des étrangers, rien de plus.

L'armée ottomane comprend :

Le *nizam* ou armée active; la durée du service y est de trois ans dans l'infanterie et de quatre ans dans les autres armes;

Le *chtiad* (réserve), durée : deux et trois ans ;

Le *rédif* (territoriale), durée : huit ans;

7

Et enfin le *moustahfiz* (réserve territoriale), durée : six ans.

Le nizam, le chtiad, le rédif et le moustahfiz, donnent donc un total de vingt années de service que, d'après les lois de 1886 et 1888, tout musulman doit fournir à son pays.

La Turquie peut ainsi mobiliser 1 490 000 hommes (sur le papier), répartis en sept corps d'armée et deux divisions indépendantes, celles du Hedjaz et du Yemen. L'ensemble de ces corps d'armée comprend 15 bataillons de chasseurs, 66 régiments d'infanterie, 2 régiments de zouaves, 17 bataillons indépendants (total : 282 bataillons), 39 régiments de cavalerie à 5 escadrons, et 1 à 2 escadrons; 5 groupes d'artillerie à cheval, 32 régiments d'artillerie de campagne, 14 régiments d'artillerie de forteresse, 23 compagnies du génie et des services auxiliaires. L'artillerie a des canons Krupp, comme l'armée allemande; quant à l'infanterie, son armement, assez hétérogène, réunit sept sortes de fusils : les fusils Snider, Winchester, Remington, Martini-Henry et Mauser, modèle 1887 et 1890.

En temps de paix, le soldat turc a peu d'occupations. Il se voit interdire par le padischah, toujours défiant, les exercices à feu; d'un autre côté, l'excès de propreté n'est pas son défaut capital : corvées de chambre et de quartier sont pour lui choses inconnues. Il peut consacrer ses journées entières soit au kief, cette sorte de farniente oriental, qui est l'état transitoire entre le dernier degré de la paresse et le premier degré de l'abrutissement, soit à des occupations diverses et rémunératrices, comme, par exemple, la contrebande. Dans le peu de service qu'on exige de lui, il apporte une insouciance singulière; il lui arrive, étant de garde, de quitter son poste et d'aller dans le café voisin faire une partie de tric-trac avec son ami le douanier ou le marchand de pistaches.

Il est vrai qu'on ne peut guère se montrer exigeant sur le chapitre de la discipline et de l'esprit militaire avec des hommes qui ne sont pas payés; car, c'est un fait avéré,

> Dans le service de l'Autriche,
> Le militaire n'est pas riche.
> Chacun sait ça.

Mais, dans celui du Grand-Turc, il est tout à fait misérable, peut-être ne le sait-on pas. Le sultan ne paye pas ses soldats. Il est arrivé plusieurs fois que des bataillons entiers ont refusé de partir en guerre avant que le gouvernement n'ait réglé l'arriéré de leur solde. Voici ce qu'un de mes amis, se trouvant à Constantinople pendant les troubles de la Banque ottomane, entendait dire à un sous-officier de gendarmerie :

« Triste position que la mienne! je suis marié et père de famille; non seulement je n'ai pas reçu de solde depuis deux mois, mais voici même deux jours que je n'ai pas reçu de vivres. »

Les troupes sont aussi mal vêtues que mal nourries[1]: tuniques en loques, pantalons effrangés, capotes taillées

---

[1] Elles ont pu, pendant la campagne de Grèce, améliorer leur ordinaire et renouveler en partie leur garde-robe. A Larissa, un régiment de cavalerie circassienne s'habilla *richement* avec les *laissés pour compte* des ennemis, sans éprouver de scrupule à changer d'uniforme.

dans de la grossière toile à sac. Un grand nombre d'hommes n'ont aux pieds que des bandelettes ; on en voit même pieds nus. Mais à quoi bon poursuivre ces critiques? Les volontaires de la Moselle en sabots n'ont-ils pas remporté des victoires, et n'étaient-ils pas eux-mêmes mal armés et mal approvisionnés? Le soldat turc, en dépit de toutes les privations qu'il endure, en dépit même de l'insuffisance de son instruction militaire, est un combattant de premier ordre. Ce n'est pas l'idée de la patrie qui soutient son courage, mais c'est le fanatisme, la haine du chrétien et aussi, comme je l'ai dit plus haut, le fatalisme, le « c'était écrit », le « s'il plaît à Dieu », l'insouciance devant la mort.

Grâce à cet esprit du soldat, grâce aussi à la force du nombre, l'armée turque est une armée redoutable, avec laquelle il faut compter en Europe. Après 1882, von der Goltz, reprenant les anciens projets du général de Moltke, l'a organisée à l'allemande. C'est lui, d'ailleurs, qui a dirigé personnellement, pendant de longues années, l'École militaire de Constantinople, la seule ayant quelque valeur parmi toutes celles de l'empire.

Chaque grande ville de province possède une école pré-paratoire de cadets, où les jeunes musulmans, choisis à la faveur des maîtres, sont élevés de dix à vingt ans aux frais de l'État. Un Turc auprès duquel je m'informais du degré d'instruction des cadets m'a répondu, dans sa fran-chise brutale : « Ils sont complètement ignares. » Ces futurs officiers sont par ailleurs de gentils jeunes gens, fort soignés de leurs personnes. Ils portent beaucoup de galons sur leurs manches et ne sortent pas, quand le

UNIFORMES DE L'ARMÉE OTTOMANE

Artillerie. — Officier de la garde impériale. — Lancier.
Tambour nègre de la garde. — Officier d'infanterie. — Musique de cavalerie.
Soldat irrégulier. — Officier de cavalerie.
Rédif ou territoriale, distributeur d'eau militaire et soldat d'infanterie.

temps est incertain, sans un énorme parapluie. A quel grade parviendront-ils en poursuivant leur carrière militaire? Il est assez difficile de le préciser, étant donné le peu de régularité de l'avancement. Je connais, dans l'armée turque, un maréchal de vingt-cinq ans imberbe et poupin, et, par contre, un petit sous-lieutenant de quatre-vingts ans, doué d'une barbe de patriarche. Le maréchal a droit à vingt-quatre mille francs par an, et les touche; le sous-lieutenant a droit à un peu moins de soixante francs par mois, et ne les touche pas. Le pauvre homme vit comme il peut, en vendant à son profit une partie des approvisionnements destinés aux soldats. Du reste, cette manière d'agir est commune à presque tous les officiers et sous-officiers, depuis les derniers *on-bachi* (commandants de dix hommes) jusqu'au glorieux Abdul-Hamid, qu'Allah conserve!

Bien des Français ont vu de près Abdul-Hamid; ils s'accordent généralement à le représenter comme un homme très doux, très poli, très sympathique dans sa froideur timide; ils se plaisent à dépeindre, avec un charme attendri, sa figure pâle et fatiguée, son expression d'habituelle tristesse. Mais ils ne cherchent pas à savoir quels soucis provoquent cette maigreur, quelles causes justifient cette lassitude. D'après M. Bérard, le sultan est dominé par la peur, cette peur tenace d'un assassinat qui, depuis vingt ans, le poursuit sans trêve. C'est à la peur qu'il faut ramener tous les sentiments, les rares qualités et les nombreux défauts qui se partagent son âme.

« C'est elle qui a tué en lui la morgue et l'orgueil, les passions et les vices, mais aussi la générosité, la franchise, l'honneur et tout autre sentiment que l'égoïsme, toute autre ambition et toute autre pensée que le sentiment de la conservation. »

Abdul-Hamid habite loin de la ville, dans le parc ténébreux d'Yildiz-Kiosk, avec sa garde particulière, une cinquantaine de toufekjis albanais choisis parmi les plus farouches et commandés par le jardinier Tahis-Pacha. Il possède là un grand nombre de petites maisons ou *yalis*, truquées et machinées comme dans les romans de Montépin, dont le favori d'Allah fait sa lecture favorite. Il n'habite jamais deux fois de suite dans le même *yali*, et n'annonce qu'au dernier moment la demeure de son choix. Pour la nourriture, les précautions ne sont pas moins minutieuses. Le sultan, qui aime à se débarrasser des gêneurs en leur envoyant ce qu'il appelle « le mauvais café », craint assez justement pour lui-même un traitement semblable; les différents mets de son menu ordinaire sont apportés à sa table dans des cassettes scellées, et il force sa mère ou sa nourrice à goûter de chacun d'eux avant d'en manger lui-même. Touchant exemple de piété filiale!

Mais chez Abdul-Hamid la peur n'explique pas seulement le caractère de l'homme, elle explique aussi l'attitude du souverain. L'anxiété de se voir tiraillé dans le gouvernement intérieur entre la vieille et la jeune Turquie, dans le gouvernement extérieur entre la Russie et l'Angleterre, entraîne cette politique flottante qui, en voulant satisfaire tous les partis, les irrite tous. Autrefois le sultan régnait nominalement, mais le grand vizir administrait l'État avec le concours de la Sublime-Porte. Abdul-Hamid ne put voir sans trembler cette puissance rivale subsister à côté de la sienne; il travailla pendant plusieurs années à infirmer l'autorité du vizir et de la Sublime-Porte. Aujourd'hui il gouverne seul par-dessus

Le sultan Abdul-Hamid-Khan.

la tête de l'administration officielle, au moyen de l'administration officieuse qu'il a constituée dans son palais. Il faut voir dans cette réforme une des causes premières des événements actuels.

Je ne puis ici que résumer l'intéressant ouvrage de M. Bérard sur la politique du sultan.

Avec sa foule nombreuse de scribes, de secrétaires, de policiers et surtout d'espions, avec tous les agents de l'administration nouvelle largement payés et richement entretenus, le palais mange par an plus de cent cinquante millions, somme que la liste civile est impuissante à four-

nir. Pour couvrir l'excédent de dépenses, Abdul-Hamid
a commencé par accaparer les biens de l'État, les richesses
des couvents, les propriétés des exilés; il a fait ainsi passer dans son domaine particulier le sixième de son empire. L'argent ainsi obtenu n'étant pas en quantité suffisante, il a cherché des bénéfices et comme des parts de
fondateurs dans une série d'emprunts ou de concessions
à des syndicats financiers, régies de tabac, quais, chemins
de fer, monopoles. Puis il a prélevé des dîmes variables
au gré de sa fantaisie sur les stipendiés de l'État; enfin il
a supprimé les traitements des fonctionnaires de la Porte,
pris sur les impôts, pour les attribuer aux fonctionnaires
du palais. « Les populations n'ont rien gagné au change;
le sultan est un créancier autrement exigeant que la Porte.
Une dépêche ordonne de faire rentrer les arriérés; une
seconde, de confisquer les terres non libérées; une troisième, d'arrêter les débiteurs. La prison, vide le matin,
est pleine le soir. »

On conçoit facilement les suites de cette politique dé-
sastreuse, l'épuisement des contribuables, la misère crois-
sante dans l'empire. La colère du peuple longtemps con-
tenue commence à gronder, les menaces anonymes se
succèdent sans interruption à Yildiz-Kiosk; on parle à
haute voix de déposer Abdul-Hamid et de remettre sur
le trône son frère Mourad. Mais depuis quelques années
déjà les exactions des fonctionnaires ont créé un mouvement arménien. *Ce mouvement fournit au sultan le
moyen tant cherché de recouvrer sa popularité. Comment?* En surexcitant le fanatisme musulman, en se
faisant contre les infidèles le défenseur des croyants, en

devenant le chef d'une nouvelle croisade, mais d'une croisade musulmane et antichrétienne. Et quels adversaires meilleurs à combattre que les Arméniens protestataires ?

Un jour, une cinquantaine d'Arméniens pénétrèrent dans la Banque ottomane, en tuèrent les gardiens, s'y barricadèrent et commencèrent à jeter par les fenêtres des bombes dans la rue, en invitant le peuple à se soulever. Pourquoi les révolutionnaires avaient-ils choisi comme but de leur première attaque une banque, c'est-à-dire un monument en quelque sorte neutre et dénué de tout caractère politique? C'est ce que l'on n'a jamais pu expliquer d'une manière satisfaisante. Ce choix inconsidéré ne devait-il pas valoir à leur tentative la désapprobation de l'Europe entière? D'après certains journalistes, il fallait voir dans cette mystérieuse affaire la main d'agents provocateurs, et cette hypothèse était appuyée par un fait bien caractéristique : alors que les auteurs de l'attentat avaient la vie sauve et pouvaient s'éloigner de Turquie avec armes et bagages, les Turcs commençaient à massacrer systématiquement les Arméniens innocents. C'est à peine si quelques Grecs ou Européens furent assassinés par erreur. En général, le sang-froid dont les bourreaux firent preuve pour discerner les victimes dénote bien l'existence d'ordres reçus, de dispositions préétablies. *Le plan avait été bien conçu et fut rigoureusement exécuté.*

Dans le quartier d'Has-Keui, où Grecs et Arméniens vivent côte à côte, il s'était trouvé un homme expert, le

comptable de l'arsenal, pour marquer d'avance à la craie
toutes les portes des maisons arméniennes, et au jour et
à l'heure fixés, tandis que leurs habitants se voyaient
lâchement assaillis, rabattus par la police, traqués jusque
sur les toits, désignés par les femmes aux balles des soldats, alors qu'on leur écrasait la tête à coups de bâtons
et qu'on leur coupait les mains sur les étaux des bouchers
en criant : « Qui veut des pieds de cochon à vendre ! »
leurs voisins grecs pouvaient, sans être inquiétés, continuer leurs occupations journalières. On cite le cas d'un
petit épicier dont la boutique était située entre deux maisons arméniennes et qui, alors qu'à sa droite et à sa
gauche le sang coulait et la fusillade crépitait, ne cessa
pas un seul instant de casser du sucre « avec mélancolie »,
comme l'humble héros de François Coppée. Si le fanatisme avait seul provoqué ce guet-apens, nul doute que
l'épicier n'eût été assassiné comme les autres chrétiens,
car le fanatisme est aveugle [1].

A Constantinople même, les massacres durèrent trois
jours entiers. On peut évaluer à six ou sept mille le
nombre des victimes arméniennes.

Le prince Lobanof a dit : « La Turquie ne change
jamais. » D'après M. Deschamps, on pourrait dire d'une
manière plus précise : « La politique du sultan ne change
jamais. » Le massacre en est un procédé habituel. Les
exemples abondent : massacre de Chio, du Liban, de

---

[1] Je suis heureux de reconnaître que peu de Grecs ont imité l'attitude
égoïste de ce casseur de sucre ; presque tous, sans se douter qu'ils seraient
bientôt eux-mêmes victimes de la cruauté des musulmans, se sont montrés
fort secourables aux Arméniens durant ces jours d'épreuves.

Bulgarie. Abdul-Hamid II agit vis-à-vis des Arméniens comme Mahmoud II avait agi vis-à-vis des Grecs. A chaque succès remporté par les Hellènes combattant pour leur indépendance correspondait un massacre sur un point quelconque de l'empire. « J'ai besoin d'un massacre, » doit se dire le sultan ; et, enfermé dans son palais, cet homme funeste, tremblant lui-même à la pensée de la mort, promenait son doigt sur la carte de ses États, cherchant dans toutes ces riantes îles de l'Archipel, sur toutes les côtes poétiques et lumineuses d'Europe ou d'Asie, la victime désignée à sa criminelle politique. Faute d'autres instruments, la suprématie de l'islam s'affirme par le sabre.

Les troubles de Constantinople ont été précédés et suivis d'épouvantables hécatombes en Asie Mineure.

VIII

De la côte grecque, il ne faut pas plus d'une quinzaine d'heures aux bâtiments des Messageries maritimes pour gagner la côte asiatique. Sans valoir l'arrivée classique dans la Corne d'Or, l'entrée en rade de Smyrne aux premières heures du matin n'est pas dénuée d'une certaine beauté. Le port semble baigné dans une brume de soleil levant, une brume veloutée aux tons d'un vieux rose à la fois très lumineux et très fin. Sur la ville endormie règne un calme profond; les quais sont déserts, muets; ils semblent immenses. Encore neufs ces quais, et, il faut le reconnaître, assez bien entretenus. Ils s'étendent sur une longueur de plus de trois kilomètres, et sont bordés, du Seraï à la Douane, d'entrepôts, de boutiques et de petits cafés; de la Douane à la gare de Cassaba, des maisons patriciennes du quartier franc.

Défendu par un môle et des brise-lames, le port est

dû à une compagnie française, qui le fit construire vers 1867. A cette époque, on n'avait osé prévoir l'énorme accroissement pris durant ces dernières années par le mouvement commercial de Smyrne; aussi le bassin actuel, malgré ses dix-neuf hectares de superficie, se trouve-t-il trop étroit. Déjà en 1893, d'après les statistiques adoptées par M. Vital-Cuinet, il recevait par an plus de six mille bâtiments, battant divers pavillons, dont vingt-quatre mille vapeurs environ et trois mille six cents voiliers. Ce chiffre n'a fait qu'augmenter depuis.

Parallèlement aux quais sont alignés les superbes cuirassés de l'escadre du Levant, imposants porte-respect de la volonté des consuls. Des bâtiments de guerre français, anglais, russes et autrichiens; à côté, les vapeurs des Messageries ou du Lloyd; et puis une forêt de mâts, de vergues et de voilures, les unes blanches comme des mouettes, les autres fauves ou dorées, les autres presque noires. Les bâtiments de commerce et les caïques de pêche sont là serrés et confondus, et de loin en loin les petites flammes rouges à croissant de la marine turque piquent une note gaie dans le réseau des cordages semblable à une trame légère...

Sur une population de 200 000 habitants, Smyrne compte actuellement 37 000 Européens, 16 000 Juifs et près de 6 000 Arméniens. Les musulmans, qui constituent le fond de la race indigène, ne sont que 89 000, et les Grecs 52 000. Dans ces conditions, Smyrne est moins une ville qu'un ensemble de quatre villes distinctes, l'une franque, l'autre grecque, la troisième turque, la quatrième arménienne.

Le quartier franc lui-même constitue un ensemble de petits États européens, dont chacun relève directement de son consul. Par les pouvoirs très étendus dont ils jouissent, les agents consulaires contre-balancent l'autorité des *valis*. D'ailleurs l'impuissance où se trouve le gouvernement turc d'assurer la sécurité des sujets non musulmans nécessite cette dualité d'autorité, comme elle nécessite dans le port la présence des escadres, et dans la ville l'existence des *cavas*, portiers officiels, fonctionnaires inviolables qui, armés jusqu'aux dents, ont le devoir de défendre contre les nationaux les personnes et les intérêts des étrangers.

A Smyrne, non seulement tous les consulats, mais tous les hôtels, toutes les grandes maisons de commerce ont un cavas attitré et reconnu par le gouvernement. Le cavas, c'est la providence du voyageur. Sujets à subir, s'ils se promènent seuls, mille ennuis et mille vexations, sinon des coups d'épée, du moins des coups d'épingle, les touristes, en compagnie des cavas, sont traités comme des pachas ou comme des beys; chacun s'incline sur leur passage, et parfois même les postes militaires leur rendent les honneurs. J'ai conservé, pour ma part, un grand fond de reconnaissance pour le portier du consulat de France, magnifique Turc d'opéra-comique, qui un jour nous arracha, mes amis et moi, des mains de douaniers insolents et voleurs, et nous enleva fièrement dans la barque consulaire, battant pavillon tricolore.

Quoi qu'en disent les turcophiles, l'intervention des Européens est nécessaire dans l'administration de l'empire ottoman. Smyrne comme Jérusalem, Beyrouth, Constantinople, a dû fonder une poste française, une poste anglaise, une poste autrichienne. La poste turque avait la déplorable habitude de perdre la moitié des lettres qu'on lui confiait ou de les faire parvenir dans des délais très inégaux. On pourrait citer bien des exemples de la confusion qui règne dans les services administratifs, de l'incurie ou de la malhonnêteté des fonctionnaires. Malheureusement l'action des Européens ne peut que remédier en partie à ces désordres; leur influence est localisée aux principales « échelles de la côte », elle ne peut s'étendre à l'intérieur, sur les villes situées hors de la portée de tir des cuirassés.

Avec le jour grandissant, la physionomie des quais s'anime. Les laitiers passent d'un pas rapide criant : Γαλα, γαλα! et faisant mousser leur lait dans des bouteilles à large panse. Le marchand d'orangeade, les épaules couronnées d'une amphore en cuivre brillant comme de l'or, coudoie le marchand de figues chargé de grandes balances de forme ancienne.

Le long des maisons sont alignés les petits cireurs de bottes, accroupis derrière leurs boites. « Moussu, *loustro!* Moussu, cirage jaune, » me crient-ils au passage en tendant vers moi une brosse suppliante. Le *loustrage* d'une paire de bottes est au tarif fixe d'un *métallic,* soit un peu moins de deux sols; et cependant le nombre des clients est tel dans ce pays de poussière, que la profession de décrotteur de bottes est des plus rémunératrices. Je suis occupé à regarder les têtes brunes, intelligentes, mais un peu vicieuses, de ces jeunes industriels, quand soudain,

à propos de je ne sais quelle question de politique exté-
rieure, une querelle éclate entre deux d'entre eux. L'un
essaye d'enfoncer sa brosse à cirage dans la bouche de
son concurrent, qui, en retour, lui assène avec sa boîte
de formidables coups sur la tête. La lutte devient ardente,
et déjà l'on fait cercle autour des décrotteurs sanglants,
fumants, écumants, quand, tel le pantin d'une boîte à
surprise, le *deus ex machina* de ces sortes de drames fait
son apparition. Un *zaptie* ou agent de police, long,
maigre, impassible, surgit sur le lieu du combat. Sans se
préoccuper d'ouvrir une enquête ou de verbaliser, — ce
serait contraire aux usages, — il saisit la tête du combattant le plus proche et lui administre, cinq minutes
durant, de vigoureux soufflets. Quand il juge la mesure
suffisante, il se tourne vers l'autre coupable, auquel il
applique le même régime avec une impartialité charmante;
puis, ce devoir accompli, il s'éloigne toujours digne, toujours impassible, toujours fatal, vivante image de la
justice orientale qu'il représente.

Toutes les trois minutes, partent le long des quais les
petites voitures du tramway (τραβάϊο) « Séraï-Gare de Cassaba ». Un tramway est une invention essentiellement occi-
dentale ; mais ici de combien de scènes pittoresques ou
amusantes il peut être le théâtre! Souvent on voit monter
à une station quelconque deux ou trois musulmanes
rigoureusement voilées, les yeux seuls à découvert sous
le yammak de toile blanche. Immédiatement le conduc-
teur se précipite, et, avec une ardeur touchant de près
à la brutalité, repousse les autres voyageurs pêle-mêle
dans le fond de la voiture. Puis il déroule un morceau

de serge verte, suspendu au plafond par une tringle, pour diviser l'intérieur du tramway en deux compartiments dont l'un servira de haremlick. C'est ainsi qu'en promenade, les belles Smyrniotes peuvent découvrir leur visage soi-disant à l'abri des regards indiscrets. Je dis soi-disant, car il arrive parfois qu'un malicieux courant d'air, en faisant flotter la serge protectrice, vient causer dans le harem ambulant une confusion plus ou moins sincère.

Cet épisode genre Loti n'est pas la seule aventure que l'on soit exposé à rencontrer sur les rails d'une ligne de tramways. Souvent aussi une caravane coupe la voie. En vain la corne mugit; au lieu de dégager les abords, les chameaux, avec leur port de tête si caractéristique d'une bêtise grandiose, tournent gravement autour du petit véhicule qu'ils dominent de toute la hauteur de leur taille. Cependant, sans un cri, sans une imprécation, le chamelier s'efforce de rassembler ses bêtes et de dérouler la corde qui les relie les uns aux autres.

Les chameaux font la gloire de Smyrne; plus forts et plus beaux que partout ailleurs, ils ont rang non seulement de citoyens, mais encore de portefaix officiels. C'est surtout dans les environs du Grand-Bazar qu'ils se rencontrent. On voit leurs vagues silhouettes s'enfoncer avec un tintinnabulement triste dans le dédale sombre des rues couvertes. Leur allure balancée, faite de tangage et de roulis, explique l'épithète démodée de « vaisseaux du désert », dont les affublait la littérature romantique. Attachés ensemble cinq ou six à une même corde, ils évoquent à l'esprit l'idée d'un train de chalands tirés à la remorque. Du reste, rien ne manque de ce qui peut jus-

tifier cette comparaison, pas même le remorqueur obligatoire, dont un petit âne remplit l'office. L'âne cesse-t-il
de marcher, les chameaux s'arrêtent immédiatement. Se
remet-il en marche, les chameaux suivent. Le dernier
animal de la caravane porte, devant son bât, une grosse
cloche composée de trois sonnettes de grosseurs différentes placées les unes dans les autres pour augmenter
l'intensité du son. Quand le chamelier, sommeillant à
demi sur son pacifique bourriquot, cesse d'entendre le
murmure de sonnailles qui le berce, il se réveille, se
retourne et constate que la corde de ses chalands s'est
détachée. L'extrémité de la file, ne se sentant plus tirée,
s'est arrêtée sur place. Le pauvre *devedji* se voit alors
forcé de retourner en arrière et de remorquer lui-même
ses indolents serviteurs jusqu'au point de jonction avec
le reste de la caravane.

En dépit de leur paresse qui mériterait de devenir pro-
verbiale au même titre que leur sobriété, ces portefaix à
quatre pattes sont ici d'une utilité incontestable. Smyrne
est le point de concentration où viennent aboutir les
richesses de l'Asie Mineure, depuis l'Arménie jusqu'à la
Palestine, du Caucase au golfe Persique. Mais qui transporte les marchandises à travers le désert pendant deux
cents, trois cents kilomètres jusqu'au point initial des
lignes ferrées aboutissant à Smyrne? C'est le chameau. Et
qui à Smyrne même fait l'office de camion (discrétion et
fidélité garanties) pour faire parvenir ces mêmes marchandises jusqu'au port, où on les embarque, ou jusqu'au
Grand-Bazar, où on les emmagasine? C'est encore le chameau. Les Smyrniotes peuvent donc dire de lui que c'est

la plus noble conquête que l'homme ait jamais faite, sinon la plus noble, du moins la plus utile.

Il faut reconnaître que, dans nos pays d'Occident, le chameau n'est guère pris au sérieux : on le juge incapable de toute attitude un peu noble, de tout mouvement un peu héroïque, et son image évoquée n'éveille dans l'esprit que des pensées comiques. Jusqu'au jour où j'ai pu assister à un combat de *bechlivan*, j'ai partagé l'erreur commune; mais aujourd'hui mes yeux sont ouverts à la vérité : comme la Pauline de *Polyeucte*,

> Je vois, je sais, je crois, je suis désabusé,

et je regrette fort de n'avoir pas eu comme compagnon de voyage quelque rimeur de talent pour chanter dignement ces luttes épiques et célébrer la gloire du chameau réhabilité. Il aurait fait une œuvre grande et belle.

Rappelant, toute proportion gardée, les combats de taureaux en Espagne, le Derby d'Epsom en Angleterre, et en France le Grand-Prix de Paris, les combats dont je veux parler ont aux environs de Smyrne un caractère en quelque sorte national. Ils sont annoncés plusieurs mois à l'avance dans tous les villages et campements, et la nouvelle, aussitôt répandue, plonge les populations turques dans un ravissement inexprimable. Les futurs combattants sont promenés à travers la campagne, parés comme des idoles et disparaissant presque sous l'amas de fanfreluches, grelots, sonnettes, paillettes, colliers de perles bleues et houppes de soie écarlate, qui composent leur fantastique harnachement. La foule en délire se presse autour d'eux, et partout sur leur passage les flûtes joignent leurs miaulements aigus aux crépitements rageurs des petits tambourins. C'est une promenade triomphale.

Ordinairement le chameau de combat est un beau mâle, originaire d'Arabie, dressé dès son jeune âge, soigné et nourri d'une manière spéciale. Il a sur ses humbles frères des caravanes une supériorité réelle, indiscutable, absolue, et qui en fait un des privilégiés de l'Orient : il est régulièrement... nettoyé.

Le simple *deve,* ou chameau porteur, ne connaît pas les douceurs du pansage. Jamais on n'a délivré son pauvre dos, — fût-ce pour quelques minutes à peine, — du gigantesque bât qui l'écrase. Dans les inextricables forêts de sa toison, respectées par la dent de l'étrille, des milliers de mignons insectes vivent en paix et donnent libre satisfaction à leurs goûts sylvestres. Au printemps seulement le poil tombe, entraînant dans sa chute la majorité des parasites; mais il en subsiste toujours un assez grand nombre pour, — une fois la crise passée, — fonder de nouvelles familles sur les flancs de l'animal reboisé. Dès lors il n'y a point lieu de s'étonner de l'aspect misérable du commun des *deve,* et, au contraire, de l'apparence flatteuse du chameau de combat. Celui-ci, au bout d'un certain temps de culture, acquiert, avec une énergie peu commune, une taille et un lustre de poil magnifique. Ordinairement d'un beau brun tirant sur le noir, il promène fièrement son imposante masse. Il semble avoir conscience de sa valeur, de l'intérêt qu'on lui porte, des exploits qu'on attend de lui. En sa qualité de lutteur, il porte un nom spécial, celui de *bechlivan,* qui signifie en langue turque athlète, héros ou guerrier. Sa valeur marchande est alors de trois mille à quatre mille francs.

Quelquefois, en Orient, quand on parle d'une fille à marier, on dit, en faisant allusion à sa dot : « Elle possède deux ou trois bechlivan. » C'est ce qu'on appelle un beau parti. Allah peut s'être dispensé d'accorder à la jeune personne les avantages physiques, elle n'en sera pas moins, aux yeux de ses nombreux soupirants, « une houris du paradis de Mahomet, douce au cœur comme une pipe de jasmin, avec une bouche comme une boîte à sucre, une taille comme un cèdre du Liban, des yeux comme des éclats de lune, etc. etc. »

Les riches propriétaires et les chameliers aisés se permettent seuls le luxe d'élever des bechlivan ; mais il arrive souvent qu'un chamelier sans grande fortune loue un de ces animaux spécialement pour la saison des combats. Spéculation avantageuse : le barnum d'occasion exige un droit de spectacle des curieux accourus au nombre de plusieurs mille ; de plus, s'il a le génie des affaires, il peut s'arranger à tirer bénéfice des paris que l'on engage. Sur les emplacements réservés à ces sortes de luttes, comme sur tous les champs de courses qui se respectent, l'on parie beaucoup et relativement de fortes sommes.

Les combats ont lieu plusieurs fois par an, soit en hiver, soit en automne, jamais en été. Ils ont pour théâtre la vaste plaine de Manika, dont le nom classique est Magnésie du Sipyle, *Magnesia ad Sipylum*.

Deux ou trois mois avant l'ouverture des jeux, l'on commence à s'occuper du dressage. Le mode d'entraînement employé, assez original, consiste en surexcitations continuelles exercées sur le futur athlète sous forme de courses forcées, privation de repos, taquineries grossières, pincements de poils, chiquenaudes sur les parties sensibles et autres gentillesses du même genre, le tout accompagné d'un concert étourdissant de grelots, car le son du grelot a la même influence sur le chameau que le son de la trompette sur une âme guerrière : il l'électrise et le transporte.

Le but que l'on poursuit est de développer à l'excès la nervosité ou plutôt l'irritabilité de l'animal. Durant cette période de temps, on ne lui accorde aucune nourriture qu'une espèce de pâte excitante, répondant au joli nom de *hamour,* mais d'aspect singulièrement indigeste : telles ces boulettes que les restaurants à vingt-trois sous servent à leurs abonnés sous des titres pompeux, et qui ne donnent à l'analyse qu'un amalgame d'antiques viandes laissées pour compte.

Ajoutons que, pour donner le dernier coup d'aiguillon, l'éleveur ne néglige pas d'exploiter chez ses élèves le sentiment de la jalousie.

Enfin nos héros sont en forme, et, pour employer l'expression consacrée, le jour solennel arrive. La nature s'est endimanchée. Le ciel, malgré la saison, est de cette teinte profonde que les réalistes appellent bleu de teinture, et les idéalistes bleu de mois de Marie. L'immense champ de Manika, qu'arrose l'Hermuse, semble flamber sous le ciel, tandis qu'au loin les fameuses montagnes du Sipyle, où Niobé, de mythologique mémoire, fut métamorphosée en rocher, barrent l'horizon de leurs croupes

Bechlivan ou chameau de combat.

géantes d'un violet sombre. Répandue dans la plaine, la foule bariolée ressemble à un immense bouquet de fleurs des champs. Il y a là des représentants de toutes les races, de toutes les populations qui occupent l'Asie Mineure : des Tatars vêtus de peaux de mouton; des Ottomans fin de siècle, en fez et redingote; des femmes musulmanes rigoureusement voilées; des Tcherkesses en costume russe, avec les cartouches en flûtes de Pan sur la poitrine et le poignard au côté; des Iourouks en guenilles; des bergers d'Anatolie, drapés, dans leurs grands manteaux blancs; des Juifs, des Grecs, des Arméniens, des Persans; enfin des nègres, ces bons nègres de Syrie, toujours souriants dans leur robe de chambre Pompadour de forme ancienne et de couleur tendre. Les uns fument pour tromper leur impatience; d'autres grignotent des pistaches ou boivent du lait avec de la citronnade. De loin en loin, des Levantins de la colonie française mettent une petite tache parisienne dans ce tableau si purement oriental. La chaleur est étouffante, et pourtant la foule s'agite, bourdonne, disserte les performances, donne des tuyaux et en demande, se montre, en un mot, éminemment sportive. Elle devient de plus en plus compacte à mesure que l'heure du spectacle approche, et, sur les abords du terrain réservé pour le tournoi, chacun se presse, curieux de voir les deux favoris du jour.

Ils sont là, portant la muselière et le bât traditionnels; on les retient avec des cordes à une distance de trois cents mètres l'un de l'autre. Déjà pourtant ils se sont sentis, et, pleins de défiance, ils renaclent l'air avec force, puis grognent furieusement en tirant sur leurs amarres. On donne le signal : « Lâchez tout ! » Aussitôt, comme une trombe, ils se ruent en avant; mais, parvenus front contre front, ils n'ont garde d'engager immédiatement le corps à corps. Comme des athlètes expérimentés, ils se tâtent, se mesurent; avec des passes adroites, de prudents coups d'épaule, ils cherchent à se tromper, à trouver mutuellement le défaut de leur cuirasse. Ils ont même recours à un moyen généralement désavoué dans une lutte loyale, un moyen dont le fameux hercule forain, Marseille, ne parle qu'avec un haut-le-cœur significatif. Je veux faire allusion au croc-en-jambe, très en honneur dans le monde des chameaux.

Aux escarmouches préliminaires succède le combat sérieux; mais il ne dure guère, si l'un des bechlivan est notoirement plus faible que l'autre. Dès la « première manche », on assiste à la retraite grotesque du vaincu, qui, sans craindre le ridicule, s'enfuit à toutes jambes, au milieu des rires, des moqueries, des huées et des sifflets, tandis que son vainqueur le poursuit avec acharnement à travers la plaine.

Si, au contraire, les deux combattants sont de même force, l'on peut admirer, dans le magnifique corps à corps, un groupe digne d'être taillé en plein marbre par un Caïn ou un Frémiet. Écumantes, frémissantes, exaspérées, les deux bêtes s'entrechoquent et s'écrasent. Leurs énormes masses, auxquelles le bât et les ornements qui les surmontent donnent des proportions exagérées, se heurtent en rendant un bruit sourd. On s'attend à toute minute à les voir s'écrouler l'un sur l'autre; mais un

Une rue du bazar, à Smyrne.

coup de jarret les a vite remises debout, et, comme des fauves en cage, les bechlivan tournent, se croisent, se séparent et se retrouvent, égratignant la terre et faisant valser les cailloux. Leur rage augmente d'intensité à mesure que la lutte se prolonge, et ils redoublent d'efforts.

Les croupes fument, les reins sont tendus, les longues pattes crispées nerveusement ; mais, alourdies et lasses des coups donnés, les têtes ne frappent plus qu'au hasard. Soudain l'un des adversaires faiblit, on voit sa haute silhouette chanceler. Il essaye de maintenir son équilibre, de se raidir désespérément, mais en vain ; il sent le sol se dérober sous lui, et, avec un épouvantable fracas de sonnettes arrachées, de cuir meurtri, de sangles qui éclatent, il s'abat lourdement sur le sol au milieu d'un nuage de poussière...

Væ victis ! Malheur à celui qui tombe ! Son rival cherche à lui saisir le cou entre ses pattes pour l'étouffer. Il y parviendrait sans doute, mais l'on se hâte de séparer les deux bêtes. Une vingtaine d'hommes s'attellent pour dégager le vaincu, qui demeure sur place, comme anéanti sous le poids de la honte. Frappant contraste ! l'animal victorieux se redresse de lui-même, altier, farouche, splendide d'orgueil triomphant, tandis que la foule enivrée l'acclame et que dans la fièvre de leur enthousiasme les femmes viennent l'étouffer de baisers et de caresses.

Le Grand-Bazar de Smyrne est un inextricable labyrinthe de ruelles tournantes et le plus souvent couvertes, consacrées, comme les souks tunisiens, à des corps de métiers spéciaux : il y a la rue des potiers, des forgerons, des tailleurs, des cordonniers, des batteurs de fer ou de cuivre, des tisserands, des armuriers, des parfumeurs, etc. Chacune de ces rues a une couleur, une physionomie distinctes. Le souk ténébreux des armuriers, où les yatagans ciselés et les vieux pistolets à pierre des bachibouzouks font luire de fugitifs éclairs dans l'ombre des boutiques, ne rappelle en rien le cadre sanglant des boucheries en plein vent où des nègres colosses, à genoux sur les dalles rougies, égorgent des agneaux qui faiblement geignent et se débattent. Le souk des parfums, dans un clair obscur discret, où flottent de capiteuses odeurs qui vous énervent et vous grisent, n'a rien de commun avec les rues mornes, appesanties sous le soleil implacable, où des Arméniennes et des Juives, une toque de velours sur la tête, sont accroupies derrière des monceaux de noix de galle de Wallonnée, qu'elles trient dans de grands sacs de toile.

Près d'une fontaine à coupole, à l'angle d'un carrefour, des Tatars marchandent à un vieux Juif des outres et des aiguières de cuivre. Un peu plus loin des Iourouks font cercle autour d'un combat de coqs.

« Cocher, à la mosquée des derviches ! »

Chaque dimanche a lieu, vers trois heures environ, la cérémonie des derviches tourneurs, spectacle trop essentiellement oriental pour que je puisse me dispenser d'y assister. Une voiture m'emmène donc au triple galop à travers les rues étroites du bazar, accrochant de loin en

A SMYRNE. — Page d'album.

en loin, en tournant trop court, une pile de châles ou de
tapis, un échafaudage de babouches ou encore quelque
grosse lanterne suspendue à l'angle d'une boutique. Le
séculaire landau fait, en roulant sur le pavé disjoint, un
vacarme étourdissant de ferraille, sans parvenir à troubler la sérénité des vieux marchands occupés derrière
leur étalage à déguster leur moka, ou des modestes figaros
qui rasent les clients en plein air.

Derrière le bazar le cocher s'arrête et me prie de descendre. La mosquée des derviches est tout en haut, au
bout de ruelles escarpées où la voiture n'a pas accès.
Deux marches, un enclos rempli de tombes, enfin la
mosquée au milieu d'un jardinet de curé de campagne,
le jardin de l'abbé Constantin, tout parfumé de capu-
cines. Dans un petit bassin où il ne manque que des
poissons rouges, les fidèles croyants prennent force verres
d'eau en attendant le commencement de la cérémonie. Le
jet d'eau glouglroute et mêle sa chanson discrète à de frais
éclats de rire; car il y a là toute une bande joyeuse de
jeunes misses corsage clair, chapeau marin et Bædecker.
La représentation des derviches était marquée sur le programme de leur journée, entre une visite au club Foot-
ball et une partie de pêche à Gueuz-Tepé. Elles sont donc
venues, accompagnées par le cavas de l'ambassade britannique, un bel homme éclatant de dorures, fez en tête,
sabre au côté.

L'heure est venue, la porte de l'étroite mosquée s'est
ouverte, et nous nous trouvons tous, fidèles et infidèles,
parqués derrière une balustrade circulaire, les uns assis,
les autres accroupis à la turque sur les nattes qui

couvrent le sol. Par une faveur spéciale, les étrangers ont été dispensés de se déchausser en entrant.

Dans l'espace laissé libre par la barrière, les derviches sont rangés au nombre d'une douzaine, d'âge mêlé variant de douze à soixante-dix ans.

Tous sont coiffés de hauts bonnets de forme persane, tous enveloppés de longs manteaux aux teintes neutres : gris jaune, gris bleu, gris vert, gris rouge, gris gris. A un signal donné ils se lèvent, rejettent leur manteau, sous lequel ils apparaissent entièrement vêtus de blanc, et se promènent en file autour de la pièce en se retournant toutes les deux minutes les uns vers les autres, pour se saluer gravement. Le chef seul, fanatique aux yeux fiévreux, demeure assis à la place d'honneur, immobile comme une idole. Une cinquantaine de saluts ont été échangés quand le violon se met à gémir, la longue flûte à siffler, le tambour à résonner avec des roulements secs et rageurs. Les derviches commencent à tourner lentement, en dessinant un mouvement de valse de droite à gauche. Ils gardent d'abord les bras croisés sur la poitrine, puis les étendent peu à peu comme des oiseaux qui prennent leur essor. En même temps ils accélèrent le mouvement et, la tête renversée en arrière, les yeux blancs d'extase, les poignets convulsivement tordus, ils tournent, ils tournent, ils tournent. Le vent s'engouffre sous leurs jupes blanches, qu'il transforme en cloches nuageuses, en crinolines souples; et malgré la solennité du lieu, en voyant ces hommes, dont quelques-uns sont gras et vieux, valser en trois temps dans leurs robes virginales, je ne puis m'empêcher de songer, — Mahomet me pardonne! — à quelque grotesque parodie de la danse serpentine... Si l'orchestre substituait à son étourdissant déluge de fausses notes une discrète exécution de *Loin du bal*, l'illusion serait complète.

Au fond de la pièce, à travers les fenêtres grillées, on aperçoit de nombreuses musulmanes qui, ne pouvant pénétrer dans la mosquée, se pressent curieuses pour avoir de loin quelque part du spectacle. Leurs voiles vus à contre-jour apparaissent doucement bleutés entre des contours aveuglants de lumière...

La cérémonie terminée, tout le monde se disperse. Le chef des derviches lui-même quitte à la fois sa longue robe et son air tragique, puis monte en voiture de place pour aller faire la promenade traditionnelle du vieux château et des viaducs.

Le vieux château des sultans domine d'un côté la ville entière, de l'autre la boucle du Mélès : c'est un excellent point stratégique; mais les Turcs ont négligé jusqu'à présent d'en utiliser les ruines ou d'élever sur l'ancien emplacement une forteresse nouvelle. On y trouve seulement une étroite plate-forme, avec deux canons vétustes que gardent deux artilleurs plus vétustes encore.

Le panorama de Smyrne n'offre point cet aspect lumineux, éblouissant, presque aérien, de la majorité des villes d'Orient. Ce n'est point cet ensemble de maisons à terrasses, de forme cubique, qui sous leur robe de chaux semblent une traînée de pierres tombales. La plupart des constructions sont couvertes en tuiles; aussi la couleur dominante du paysage est-elle le rouge brun. De loin en

loin pointe la flèche sculptée de quelque frêle minaret,
et à l'horizon une tache bleue, la mer, relie à droite et
à gauche les montagnes violettes qui ferment la baie.

Pivotons sur nous-même. Devant nous s'étend le cours
du Mélès, depuis les fameux viaducs romains à triple
rangée d'arches jusqu'au Pont-des-Caravanes. Le Mélès
mérite un regard. Ce petit fleuve à demi desséché, mais
d'une vanité extrême, se vante d'avoir vu naître sur ses
bords le chantre divin de l'*Iliade*. Il traite d'imposteurs
tous ceux qui affichent les mêmes brevets d'authenticité.
Quant au Pont-des-Caravanes, c'est un village étrange
composé d'un pont, de deux ou trois cimetières et d'une
vingtaine de guinguettes. En semaine, on voit grouiller
sur le pont une foule colorée d'hommes, de femmes,
d'enfants, de chevaux, d'ânes, de chameaux, de chèvres
et de moutons, se portant ou se poussant mutuellement,
tous se pressant dans un nimbe de poussière. Ni ânier
ni chamelier ne s'arrête aux cabarets. A peine en voit-on
quelques-uns faire une courte halte dans les cimetières,
ces cimetières musulmans d'une si pénétrante poésie avec
leurs antiques tombes écroulées dans les herbes hautes
et, au-dessus des mausolées, les cyprès joignant leurs
branches pour former une voûte impénétrable d'une verdure sombre.

Le dimanche, le décor est le même; mais la scène
change. Alors que le pont reste désert, les cimetières
presque vides, les guinguettes débordent d'une foule
endimanchée, bourgeois et bourgeoises selon le goût moderne, qui viennent déguster le café ou le *mastic* à l'ombre
des bosquets. Pas un turban, quelques fez à peine, beau-

coup de chapeaux ronds et de complets noirs. On pour-

Chameaux porteurs sur les bords du Mélès.

rait se croire dans quelque café de Bougival ou de Join-
ville-le-Pont. Seulement, contrairement à ce que l'on

voit le long de la Marne ou « sur les bords fleuris qu'arrose la Seine », les consommateurs tiennent dans la main droite de longues feuilles de salade, qu'entre deux gorgées ils broutent longuement, à la mode de la gent lapine. Et un orgue de Barbarie, porté à dos d'homme, circule au milieu des groupes, déversant sur l'assistance les accents odieusement célèbres de la « danse du ventre ».

Si le Pont-des-Caravanes est la promenade favorite de la classe moyenne, les quais mêmes de Smyrne constituent pour la classe élevée le rendez-vous à la mode. Tous les soirs, de six à sept heures, l'élite de la population européenne se promène de long en large sur le bord de la mer. Causeries, œillades, saluts, shake-hands. Du côté des hommes, beaucoup de correction avec un atome de rastaquouérisme; du côté des dames, une élégance véritable relevée d'une pointe de coquetterie. Dans cette foule mondaine, l'élément turc est pour ainsi dire nul. Les directeurs des administrations françaises, anglaises ou autrichiennes, entretiennent des relations avec les grands industriels grecs ou encore avec les officiers des vaisseaux en croisière, mais ils se bornent à de simples rapports d'affaires avec les autorités musulmanes. Voilà pourquoi ce que l'on appelle « la société » est-elle peu nombreuse à Smyrne relativement à l'importance de la population.

Le ciel est passé successivement par toutes les nuances du prisme, depuis les rouges intenses du couchant jusqu'à « l'ultra violet » de la nuit close. L'obscurité s'est faite, et les Smyrniotes sont rentrés chez eux. Comment employer la soirée? Il est soigneusement recommandé aux touristes de demeurer dans les limites du quartier franc passé neuf heures, et surtout de résister à la tentation de faire une promenade à travers les rues excentriques. Des poignards vous attendent dans l'ombre, paraît-il, tout comme dans les feuilletons populaires. Que faire alors? Aller au théâtre? Smyrne n'en a point. Si l'on veut retarder le moment pénible de se glisser sous le moustiquaire d'une chambre d'hôtel pour essayer de dormir, il ne reste qu'une ressource : le café-concert.

Voici une affiche prise au hasard :

« Grand conssert nouvel. Troupe varié (*sic*) allemande de huit demoiselles et cinq hommes. »

On peut imaginer ce que peut être un pareil spectacle. Les cafés-concerts de Smyrne, comme ceux d'Athènes, sont des baraques exiguës où une foule cosmopolite applaudit des chanteuses cosmopolites dans leurs inepties cosmopolites : *Adèle, t'es belle. — Fuliculi, fulicula. — Wer est der schone mann. — Da ist, da ist Victor !...*

Quant aux Juifs et aux musulmans, ils préfèrent aller dans les caves enfumées se délecter aux farces du bonhomme Karagheuz, le fameux Polichinelle turc.

IX

Au centre du quartier arménien, devant la gare de
Basma-Kané, où le hasard d'une promenade m'a conduit,
stationne une foule grouillante d'Anglais au casque de
liège, de femmes voilées et d'enfants en guenilles, de
négresses affolées et d'imperturbables chameaux. Aux
abords, c'est une fête de lumière dans les rues tournantes, aux murailles basses, que dominent les arbres. Au
milieu d'un carrefour s'élève un gros olivier dans le tronc
évidé duquel un vieux mendiant, philosophe à la manière
de Diogène, dort tranquille à l'abri du soleil et des impôts. Un peu plus loin, dans l'ombre, une jolie fontaine
accompagne en sourdine, de sa chanson pleurante, les
sonnailles claires des caravanes qui passent. Quelques
boutiques de tailleurs, de barbiers ou de forgerons, et
c'est tout. Les Arméniens, lorsqu'ils viennent s'établir
dans les grandes villes du littoral, se font généralement
hamals ou portefaix. Ce sont eux qui ont accrédité l'ex-

pression « fort comme un Turc », employée à tort pour « fort comme un Arménien ». Ceux qui ne se sentent pas de goût pour cette profession, ou qui n'ont pas le biceps nécessaire, embrassent des carrières libérales. Un certain nombre choisissent le barreau, à cause de leur grande facilité de parler le turc. Presque tous les autres, commerçants ou banquiers, peuvent être considérés comme les plus gros capitalistes de Smyrne. Goûtant fort le luxe oriental, ces privilégiés adoptent, eux et leurs femmes, les dernières créations de nos tailleurs, s'entourent d'un confort tout parisien, reçoivent des revues françaises, pratiquent parfois la bicyclette et commencent à éprouver le regret de ne pouvoir faire blanchir leur linge à Londres.

Pour peu que l'on s'éloigne de Basma-Kané, l'on retrouve de suite, sans quitter le quartier arménien, des voies tranquilles bordées de maisons bourgeoises d'architecture semblable. On pourrait se croire transporté dans quelque modeste sous-préfecture de France, n'étaient de loin en loin des groupes de plantureuses commères bavardant au seuil des portes, les cheveux tressés de chaque côté des joues et la tête couverte de ce tambourin de velours bleu ou noir, agrémenté d'un voile, qui constitue, dans toute sa laideur, la coiffure des femmes chrétiennes d'Asie Mineure.

Sur les 12 000 Arméniens de Smyrne, on peut compter environ 4 750 grégoriens, 5 600 arméniens, 700 catholiques et 200 protestants. Les écoles arméniennes sont en général belles et bien entretenues, mais moins suivies que celles des Grecs. Dès qu'un jeune homme sait lire, écrire et compter, il quitte le banc de l'écolier pour le comptoir du marchand ou le rond de cuir du bureaucrate. Jamais on ne le voit végéter comme un humble scribe ou petit employé; sa souplesse, sa ténacité, son intelligence commerciale, l'élèvent rapidement à la direction d'une maison d'affaires, en même temps qu'à une grosse fortune. On a dit que les Arméniens étaient les Juifs de l'Orient, des Juifs chrétiens. Cette comparaison, basée précisément sur les capacités commerciales communes aux deux peuples, peut à la rigueur être justifiée quand il s'agit des Arméniens habitant les grandes villes d'Orient; mais elle ne saurait être généralisée. Au point de vue national, l'Arménien a sur le Juif la supériorité de n'avoir jamais été complètement déraciné de sa patrie. On trouve encore en Arménie des indigènes qui cultivent la terre sur laquelle ils sont nés, la terre d'où est sortie la race. Il y a donc Arménien et Arménien, comme il y a Grec et Grec. Les Hellènes ou citoyens libres du royaume de Grèce ne sauraient être identifiés aux Grecs levantins, ordinairement citoyens turcs. De même les Arméniens de Smyrne, de Beyrouth, de Constantinople, de Téhéran, ne doivent pas être confondus avec les Arméniens d'Arménie.

A propos des derniers événements, quelques personnes se sont écriées : « De tels massacres paraissent épouvantables, mais il faut avouer que les victimes ne sont guère dignes d'intérêt. Qui dit Arménien dit usurier ou voleur. » Cette assertion, fausse en elle-même, est dans la circonstance d'autant plus injuste que les massacres, épargnant les banquiers millionnaires, ont eu pour premières victimes d'humbles cultivateurs.

Il faut l'avouer, nous jugeons mal les Arméniens, parce que nous ignorons l'Arménie. Nous sommes un peu comme Tartarin, pour qui l'Algérie, la Syrie, le Maroc, les

SMYRNE. — Au marché aux chevaux.

Indes même ne font qu'un : le pays des *Teurs*. Pourtant, alors que les passions politiques et religieuses bouleversent cette petite partie du globe, il semblerait opportun d'en avoir une idée quelque peu précise. L'année dernière M. Leroy-Beaulieu, dans une remarquable conférence à l'hôtel des Sociétés savantes, en a donné une définition que tout le monde devrait connaître :

« L'Arménie est aujourd'hui une expression géographique. C'est un vieux nom de pays que la géographie turque et certains géographes européens, à la suite des Turcs, prétendent biffer de la surface de la terre. Or ce pays a un grave défaut, l'on peut même dire le malheur de n'avoir pas de frontières bien arrêtées, quoi qu'il ait par sa configuration et par sa structure une originalité et une homogénéité incontestables...

« L'Arménie est un grand plateau montagneux qui occupe la région orientale de l'Asie Mineure. Elle a aussi cette infériorité d'être un pays essentiellement continental, placé au confluent des peuples et sur le chemin de toutes les invasions ; c'est ce qui explique comment l'Arménie a été si souvent conquise, assujettie dans l'histoire, quoique la robuste race arménienne, si elle a pu être vaincue, n'ait jamais pu être assimilée par ses vainqueurs. »

Du XIIe au XIVe siècle, les Arméniens sont demeurés indépendants ; pendant les croisades, ils se sont montrés les plus fidèles alliés des Français, et c'est une famille de France qui a, la dernière, porté la couronne d'Arménie : autant de raisons pour nous intéresser d'une manière toute particulière à ce petit peuple de chrétiens.

L'Arménie, d'autre part, a droit à notre déférence comme étant une des nations les plus anciennes de l'histoire : elle compte près de trois mille ans d'existence, et, durant ces trente siècles, ses habitants ont su conserver en grande partie la simplicité de leurs mœurs primitives.

Aujourd'hui encore leur vie est essentiellement patriarcale. Quand un jeune homme se marie, au lieu de fonder un nouveau foyer, il demeure avec sa jeune épouse sous le toit paternel; ses fils, ses petits-fils suivent son exemple; ils se multiplient comme les étoiles des cieux et les sables du désert, et ces familles bibliques deviennent à la longue de véritables tribus. Dans plusieurs parties de l'Arménie, le vilayet de Bithis, par exemple, les mariages sont très précoces. Une fillette a-t-elle atteint ses treize ans, ses douze ans et même ses onze ans seulement, elle est rangée dans la catégorie des demoiselles à marier, et ses parents s'occupent activement à lui chercher un parti. Les accordailles rappellent un peu, sauf le respect dû aux jeunes Arméniennes, le trafic de bestiaux de la plaine de Caen ou du pays d'Ouche; on débat l'affaire en buvant jusqu'aux extrêmes limites de l'ivresse. Le marché conclu à la satisfaction générale, le promis envoie à sa promise les cadeaux d'usage, un sac de bonbons, une paire de chaussures vernies, quelques bracelets, et de plus, présent obligatoire et symbolique, une chaussette contenant quatre piastres. Cette chaussette est destinée au père de la mariée, qui doit l'accepter avec son contenu comme prix de la cession au mari de sa fille de tous ses droits paternels.

Les familles arméniennes vivent généralement ensemble dans de grandes maisons d'un seul étage. Quelques-unes de ces demeures sont divisées à la turque, en deux parties, côté des hommes et côté des dames, selamlik et haremlik. D'autres ne comprennent qu'une seule pièce destinée à tous les usages, ne contenant comme meubles que de superbes jarres de terre pour les provisions de

bouche. Cette salle unique communique directement avec
l'écurie, dont la chaleur naturelle s'ajoute à l'action du
« tezek » brûlé dans l'âtre. Le tezek mérite une mention
spéciale. C'est une denrée mal odorante mais précieuse,
faite de boue pétrie avec de la fiente d'animaux. Elle sert
à façonner les briques, à crépir les murailles et surtout à
alimenter le feu, comme la tourbe, en développant une
vive chaleur dans une combustion très lente.

Nous voici loin des hôtels élégants des Arméniens
smyrniotes. Sans ambitions, sans vains désirs, ignorant
les raffinements de la civilisation, les habitants des vilayets
d'Erzeroum, de Diarbékir, de Van, de Bithis, etc., sont
presque tous bergers ou cultivateurs; mais il serait cruellement ironique de s'écrier en parlant d'eux : « Trop
heureux, ces habitants des campagnes, s'ils connaissaient
leur bonheur. »

A côté de la nation arménienne, et pour ainsi dire
confondue avec elle, subsiste une autre race : la race
kurde. Comme les Arméniens, les Kurdes sont d'habiles
agronomes et d'excellents éleveurs de bestiaux; leur vie
est en bien des points analogue et leurs costumes parfois
semblables, mais les premiers sont chrétiens, les seconds
musulmans; les premiers, soumis, résignés, souvent dénués d'énergie; les seconds, farouches, belliqueux, aimant
le pillage; les premiers, souples, modestes, presque
timides; les seconds, insolents et fiers. Certains chefs
kurdes ont coutume d'ajouter comme titres de noblesse
à leur nom celui d'un grand pays ou d'une grande ville,
et de s'intituler, par exemple, « agha de France, de
Smyrne, de Stamboul, d'Angleterre, etc. » Il est vrai

Laboureur arménien.

que de tels exemples de vanité ne sont point rares et que, sans aller chercher loin, nous en trouvons de semblables à Paris.

Ce qui pourrait à juste titre nous étonner, c'est de voir le Kurde, fidèle croyant de l'islam, admettre sa femme en public et l'autoriser à recevoir ses hôtes. Elle peut librement se montrer aux yeux de tous et n'a pas besoin de se voiler, comme ces autres musulmanes qu'un esprit poétique a comparées, avec leurs feredjes bouffants, « à des ballons en passe de gonflement ou à des lustres emmaillotés en rupture de suspension. » La femme arménienne, au contraire, toute chrétienne qu'elle est, demeure cloîtrée chez elle, ne voit du sexe laid que ses plus proches parents et doit se voiler pour sortir. Son mari la considère, non comme sa moitié, mais comme la première de ses servantes.

Les Kurdes sont de redoutables voisins. Autrefois les Arméniens devaient, pour vivre en paix avec eux, leur payer de forts tributs; aujourd'hui cette coutume est abolie, mais les Kurdes n'en continuent pas moins de considérer le brigandage comme le premier, le plus noble et le plus sain des sports, et de rançonner les malheureux Arméniens avec d'autant plus d'entrain, que ces derniers n'ont pas le droit de porter d'armes, alors qu'eux-mêmes sont armés jusqu'aux dents.

Les Kurdes, grâce à leur religion, peuvent compter sur l'appui du gouvernement. Ils forment dans l'armée ottomane des régiments d'élite, « la cavalerie Hamidié. » Les Arméniens au contraire ne font pas de service militaire, le gouvernement se refusant, par économie, à leur attribuer une solde, et par prudence à leur confier des armes. Une ou deux fois cependant, alors qu'une guerre menaçait d'être meurtrière, le ministre de la guerre fit demander au patriarche des Arméniens de lui fournir un certain nombre de jeunes gens pour les envoyer, comme chair à canon, combattre aux premiers rangs; mais le patriarche s'y refusa. Voilà pourquoi tout Arménien « de la classe », au lieu d'être enrôlé sous le croissant, doit payer, comme les dispensés en France, une indemnité de service. En théorie, cette indemnité est due à partir de dix-huit ans et pendant quinze années consécutives; mais, dans la pratique, à peine un enfant est-il né, qu'on exige de ses parents la taxe militaire. L'enfant meurt-il au bout de quelques jours, les parents doivent continuer de payer tous les ans le prix du rachat. Le gouverneur s'occupe rarement de faire rayer les morts des listes de conscription. D'ailleurs il a dû lui-même verser la forte somme pour acheter sa place; il est naturel qu'il veuille, grâce à cette même place, rentrer dans ses frais.

Les exactions des collecteurs d'impôts ont contribué, au moins autant que les déprédations continuelles des Kurdes, à provoquer les troubles en Arménie et à favoriser les sinistres projets du sultan sur cette malheureuse nation.

En 1894, plusieurs villages refusent de payer l'impôt déjà acquitté, les Kurdes de la cavalerie Hamidié viennent ravager le pays, et l'ère des atrocités commence. Cependant, après une enquête ouverte par les délégués de la France, de l'Angleterre et de la Russie, la Porte juge à propos de punir la vertu et de récompenser le vice; le sultan accorde une haute distinction à Zeki-Pacha, le chef des massacreurs, et décore de l'Imtiaz le général de Bitlis, Bahri-Pacha, principal ordonnateur des tueries de Sassoun. Encouragés par de si heureux débuts, les fanatiques, au moins d'août 1895, pillent un certain nombre de villages et de monastères dans le district de Kemakh. A ce moment se place la première manifestation pacifique des Arméniens à Constantinople, manifestation qui provoqua de nouveaux massacres, non seulement à Constantinople même, mais encore dans les provinces. On est saisi d'une vive horreur, en même temps que d'une profonde pitié, en parcourant le tableau officiel des massacres dressé par le P. Charmettant, d'après les enquêtes des six

Dans la prison d'Erzeroum.

ambassadeurs, et en lisant le long martyrologe qui accompagne l'exposé historique des événements.

A Trébizonde, le 5 et le 8 octobre, des musulmans attaquent les quartiers chrétiens, pillent les maisons et tuent tous les Arméniens qu'ils rencontrent. Le nombre des morts peut être évalué à plus de neuf cents dans la ville même et les villages voisins. A Bitlis comme à Trébizonde, le massacre commence et cesse au signal du clairon, preuve irréfutable de préméditation. Le nombre des villages saccagés est de deux cents dans le vilayet d'Erzeroum et de cent quatre-vingt-dix dans celui de Van. Dans la province de Maamouret-ul-Aziz, le pillage et l'incendie durent dix jours consécutifs, et on cite un village dont il ne survit que trois habitants. Pareilles atrocités se produisent sur les territoires d'Alep, Adana, Angora, Sivas et Diarbekir.

En résumé, le nombre des victimes, relevé dans les principales localités seulement, s'élève à près de trente mille chrétiens, sans compter le nombre beaucoup plus considérable de ceux qui ont été massacrés loin des yeux des consuls, dans des milliers de villages aujourd'hui détruits. Les fanatiques n'épargnèrent ni les vieillards, ni les femmes, ni même les petits enfants, et ils apportèrent dans leur œuvre de destruction des raffinements de cruauté inouïs. Les hommes furent écorchés vifs et accrochés comme des moutons aux crocs des boucheries, d'autres pendus pour servir de cibles; des fillettes furent embrochées, des enfants coupés en morceaux sur les genoux de leurs parents; des malheureux, mutilés, durent manger de leur propre chair. J'en passe, et des plus affreux.

Et pendant qu'en Asie se déroulait ce drame, le gouvernement turc demeurait-il inactif? Non. Le gouvernement n'hésitait pas à envoyer dans les provinces armé-

niennes un grand nombre de soldats et d'officiers pour
mettre fin aux tueries, et les troupes effectivement
déployaient le plus grand zèle pour avancer le terme des
égorgements... en se joignant eux-mêmes aux égorgeurs.
Non contente de cette première intervention, pourtant si
efficace, la Porte, une fois l'ordre un peu rétabli, se
hâtait de faire précipiter en prison les Arméniens sur-
vivants, les uns parce qu'ils devaient rendre compte des
soulèvements, les autres parce que, tous leurs biens
ayant été pillés ou brûlés par les Turcs, ils ne pouvaient
plus payer les impôts; d'autres enfin parce qu'on jugeait
prudent, par humanité, de les soustraire aux entreprises
des musulmans! Mais le régime des prisons ottomanes,
avec ses privations, ses corvées et ses supplices, c'est la
mort à bref délai.

« C'est ainsi, s'écrie M. Bérard, que le sultan poursuivit son œuvre avec le concours des populations musulmanes fanatisées et avec la complicité indirecte de l'Europe, qui acceptait ses excuses mensongères, ses pour-
boires et ses décorations. — Les massacres d'Arménie
ont duré près de deux ans, dévasté une région plus
grande que la France et dressé, au seuil du xxe siècle,
cette pyramide de têtes humaines qui restera à coup sûr
comme l'un des monuments de ce temps. Une telle
œuvre demandait sans doute la collaboration du fanatisme musulman, mais bien plus encore la lâcheté ou
l'inertie des politiques européens. On n'a voulu voir dans
ces événements que le déchaînement d'une force incons-
ciente et irresponsable et comme un raz de marée musulmane, contre lequel la prévoyance ou la résistance de

l'homme eussent été également impuissantes, contre lequel aussi la justice humaine n'avait pas de recours. La vérité est que, du côté de l'islam et du côté de l'Europe, les peuples ne doivent pas être mis en cause et que les vrais coupables tiendraient à l'aise sur un divan. »

Tout en frappant, les musulmans disaient : « Le maître a permis de tuer les chrétiens. » Du jour où, obéissant aux protestations tardives des puissances, le maître ne permit plus, ils cessèrent de frapper. Les massacres étaient donc réguliers, systématiques, officiellement organisés par le gouvernement turc. Ce même gouvernement avait peut-être eu d'abord quelque raison ou tout au moins quelque prétexte pour réprimer les menées de certains agitateurs qui, obéissant à l'appel patriotique des prêtres et des littérateurs[1], voulaient à tout prix créer une nation arménienne; « mais si les comités s'égaraient en une politique condamnable et inutile, — c'est toujours M. Bérard que je cite, — le sultan allait commettre une erreur bien plus grande et bien plus condamnable, en confondant comme de parti pris la nation et les comités, le peuple et une poignée de meneurs. » Les humbles paysans, les enfants et les femmes que l'on exterminait connaissaient-ils seulement de nom « la question arménienne » ?...

En feuilletant ces tristes pages de l'histoire contemporaine, on a la consolation de pouvoir relever quelques actes de dévouement tout à l'honneur de nos compa-

---

[1] Voir, dans la *Revue Mame* du 14 mars 1897, *la Littérature d'un peuple opprimé*, de M. Henri Guerlin.

Ensevelissement des Arméniens massacrés.

triotes. A Diarbekir, plus de sept cents chrétiens s'étaient réfugiés au consulat de France, où avait été hissé à la hâte le pavillon tricolore. Les premiers massacres passés, ces chrétiens, dans la prévision de nouveaux troubles, voulaient gagner la mer et s'embarquer pour des régions plus tranquilles. Toutefois ils hésitaient : il faut plusieurs journées de marche pour atteindre soit Adana, soit Trébizonde, les ports les plus proches de Diarbekir, et les malheureux Arméniens, privés de la protection du représentant de France, avaient les plus grands risques à courir. D'un autre côté, le devoir du consul était de rester à son poste pour assurer la sécurité des habitants de la ville. Sa femme se dévoua; d'accord avec son mari, elle résolut d'accompagner elle-même les émigrants, et dans ce but fit demander une escorte au vali : elle se vit accorder par cet hypocrite fonctionnaire, qui n'osait refuser ouvertement, une poignée de soldats chargés seulement de sa garde personnelle, mais insuffisante pour protéger le convoi. C'est alors que l'idée lui vint de placer ses enfants, tout jeunes encore, en tête de la caravane, pendant qu'elle-même restait au dernier rang, obligeant ainsi les soldats à étendre leur vigilance sur la colonne tout entière.

Nous ne pourrions trop admirer la conduite héroïque de cette femme, qui ne craignit pas d'exposer ce qu'elle avait de plus cher pour sauver des centaines de chrétiens. Saura-t-on jamais quels trésors de générosité peut contenir le cœur d'une Française?

X

Le moment est venu de quitter Smyrne, et malgré
moi je me sens le cœur un peu serré. J'ai trouvé là, chez
les membres de la colonie française, entre autres chez les
Pères Lazaristes, un si cordial accueil!... Et puis, m'est-il
possible de voir sans mélancolie s'achever brusquement
la série de mes longues promenades dans les environs de
Smyrne, soit du côté de Magnésie ou de Pergame, soit
dans la direction d'Aïdin-Guzel-Hissar? Puis-je me rappeler sans regret ce joujou de petit chemin de fer, l'Otto-
man-Railway, qui courait entre les montagnes en effrayant
les chacals du sifflet de sa locomotive, les campements
sauvages aperçus çà et là au bord des sentiers, les stations où les femmes iourouks, aux cheveux noirs et aux
bras couverts de fins tatouages, venaient mendier de
leur voix chantante des cigarettes et des sous : *Métallic,
tchelebi!* Et Ayasoulouck, l'ancienne Éphèse, avec sa
plaine bossuée de décombres, hérissée de ruines chan-

celantes, traversée par les grands vols des cigognes? Me
sera-t-il donné jamais de revoir les types amusants ou
sympathiques rencontrés sur la route: P***, le vieux Grec
d'Aïdin, qui après boire aimait à passer par-dessus son
complet européen une longue chemise blanche et à imi-

Croquis de femmes iouroucks.

ter les mouvements harmonieux des derviches tourneurs;
le décoratif propriétaire de l'hôtel du Caystre, maître
Karpousi, c'est-à-dire maître « Melon », le sujet le plus
ventripotent de l'empire; l'honnête Andréas du Bulbul-
Dagh, qui avait tant de pistolets à sa ceinture, tant
d'assassinats sur la conscience; tous les autres enfin,
si nombreux et cependant à jamais gravés dans ma
mémoire?

Me sera-t-il donné de refaire nos amusantes excur-
sions à travers les taillis de la montagne? A cheval,

le fusil sur le dos [1], nous pouvions jouer les explorateurs.

C'était un heureux temps. Le ciel était bleu, la campagne parsemée d'anémones et d'arbres de Judée. Au fond de la vallée du Méandre, nous voyions passer les laboureurs comme en un défilé de silhouettes. Ils se rendaient aux champs, au pas de leurs petits chevaux de race turcomane, la charrue en travers de la selle. Devant eux marchaient les bœufs de labour; derrière, des groupes de femmes lourdement chargées, des troupeaux de buffles et de moutons. Étranges, ces buffles asiatiques avec leur aspect à demi sauvage, leurs cornes épaisses et leur poil rude; étranges aussi ces moutons rappelant par leurs formes l'espèce berrichonne, mais gratifiés en guise d'appendice caudal d'une énorme excroissance traînant jusqu'à terre. « Cette partie charnue, rapportait le voyageur Lavoix, prend, chez les moutons du Liban, de telles proportions, que les malheureux animaux ne peuvent plus marcher. Les bergers se voient forcés d'établir derrière eux un système assez singulier de traction, une sorte de planche montée sur roues, en d'autres termes une petite brouette destinée à supporter cette partie incommode de leur individu. » *Se non e vero...*

Moutons, buffles, cigognes, fleurs exotiques et femmes iourouks flottent confusément devant mon esprit, tandis que d'un regard distrait je vois le port de Smyrne disparaître à l'horizon.

---

[1] Il est soigneusement recommandé aux voyageurs d'être armés pour se défendre à l'occasion contre les attaques des Tcherkesses nomades, attaques d'ailleurs peu fréquentes.

A tous ceux que le manque de loisirs ne force pas de voyager à la hâte, je conseillerai de préférer, pour la traversée de l'Archipel, les petits bateaux aux grands. Ce n'est point que les cabotiers grecs ou ottomans offrent un confortable analogue à celui des Messageries maritimes ou des bâtiments du Lloyd : les cabines y sont d'une exiguïté déplorable; bien souvent aussi la table des premières se trouve située dans le dortoir commun des secondes, au milieu de pauvres corps allongés qui dorment en geignant et qui souffrent. Le mal de mer est contagieux; il empêche d'apprécier comme il conviendrait le caviar, le bœuf bouilli aux piments et autres délicatesses du menu. Mais sans tarder montez sur le pont, vous serez amplement dédommagé de tous ces petits ennuis.

Bien jolis les paysages qui défilent devant les yeux, îles d'or sur champ d'azur. Bien curieux les Turcs, Juifs, Grecs, Crétois, Égyptiens, nègres d'Asie Mineure ou de Tripolitaine, répandus sur le pont en groupes pittoresques. Ici, au milieu d'un cercle attentif, un Candiote pince de la lyre à trois cordes; là un vieux pacha, une rose au turban, un jasmin dans la bouche, s'est assoupi en égrenant son *komvologion,* chapelet en noyaux d'olives; à côté, plusieurs femmes voilées, un harem en déplacement, se tiennent à demi couchées sur des matelas; autour d'elles des volières en forme de mosquées, des berceaux d'enfants, des lanternes, des sacs, des cafetières, tout un bazar ambulant. Près d'un matelot qui martyrise un perroquet, une petite Mauresque joue avec des gazelles.

C'est déjà un avantage appréciable de pouvoir trouver, dans ses compagnons de traversée, d'intéressants sujets d'étude; les caboteurs en ont un autre plus appréciable encore, c'est de faire escale dans tous les ports importants des Cyclades. C'est ainsi que le *Triton* qui nous porte fait le service entre Constantinople et Tripoli de Barbarie en s'arrêtant à Chio, Tinos, Syra, la Canée.

Accoudé aux bastingages, je regarde fuir devant mes yeux les rives basses de l'île de Chio, où la terre apparaît ocreuse sous la verdure grise des oliviers et des lantisques. Tout à coup un Crétois me touche doucement l'épaule, et, me montrant la pointe de la côte où eurent lieu les fameux massacres de Chio, il murmure à demivoix :

« Eux aussi, ils ont souffert et ne sont pas encore libres. »

Depuis les premiers jours de la guerre de l'indépendance, les Chiotes n'ont pas cessé de servir de « têtes de Turc » à leurs voisins, non seulement aux Turcs eux-mêmes, mais aux Grecs et aux Samiens.

Le 22 mars 1882, des aventuriers de Samos se jetèrent dans l'île, assiégèrent la garnison dans la citadelle et brûlèrent les mosquées. Le sultan envoya aussitôt un capitan-pacha avec quinze mille hommes de renfort, et, bien que les Chiotes fussent restés étrangers à l'entreprise des Samiens, ils payèrent pour les coupables. L'ère des massacres commença. Les Turcs, assez artistes de nature, construisaient des pyramides de têtes, coupaient les oreilles et en tiraient agréablement parti pour des motifs d'ornementation, festons ou guirlandes. La première fièvre de tuerie passée, les exécutions furent organisées d'une façon plus méthodique et eurent lieu désormais régulièrement sous la haute direction de Kara-

A bord d'un cabotier grec.

Ali, puis l'amnistie fut proclamée; — mais si là mauvaise foi était bannie du reste de la terre, on la retrouverait dans le cœur des Turcs. — Ce n'était là qu'une ruse de guerre; dès que la plupart des fugitifs échappés furent revenus dans leurs foyers, les manœuvres recommencèrent, et, suivant l'expression cynégétique, donnèrent au tableau un résultat de 60 000 morts, dont 20 000 hommes libres et 40 000 esclaves.

Heureusement pour la morale, le crime ne resta pas impuni. L'intrépide marin grec Constantin Canaris se fit l'interprète de la justice divine : il vint une nuit dans une barque mettre un brûlot sous le vaisseau-amiral de Kara-Ali. Toute la flotte fut bientôt la proie des flammes, et Kara-Ali, écrasé par la chute d'un mât, expira dans d'atroces souffrances.

... Avec de sourds grincements de chaînes, les ancres tombent. Nous sommes arrivés devant la capitale de l'île. Un caïq vient prendre les passagers qui désirent profiter des cinq heures d'escale et les conduit au débarcadère, un petit môle à ce point élevé au-dessus de la mer que, pour y parvenir, il faut avoir recours à une violente gymnastique ou à la main secourable de la gendarmerie.

Bien peu imposante cette entrée de Chio, un simple grillage de bois comme une enceinte de basse-cour. Sur l'étroite plate-forme du môle, cinq ou six gendarmes jouent aux dominos.

Pour pénétrer dans la ville, il faut montrer patte blanche, en d'autres termes graisser celle de l'officier chef de poste. Peu de temps après les derniers tremblements de terre qui désolèrent l'île, deux reporters, l'un Allemand, l'autre Grec, furent envoyés par des journaux de leur pays pour étudier sur place les suites de la catastrophe. Ils arrivèrent tous deux en même temps aux portes de la ville et trouvèrent là un lieutenant de gendarmerie, beau comme le jour, très courtois d'allures, qui leur dit avec un aimable sourire :

« Je suis désolé, messieurs, de vous causer un léger désappointement; mais personne ne doit entrer, ma consigne est formelle ! »

Chio. — Soldats turcs et paysan crétois aux portes de la ville.

L'Allemand avait prévu le cas. Il sort triomphalement de sa poche un laissez-passer signé du grand vizir et le présente à l'officier. Celui-ci, suivant le cérémonial d'usage, salue le précieux papier, en baise dévotement la signature et le rend à son possesseur en s'écriant :

« Par le ciel, monsieur, vous êtes un favori d'Allah

pour jouir d'une faveur aussi haute et pouvoir marcher ainsi dans l'ombre de Son Excellence le grand vizir. Laissez-moi vous en féliciter, car peu de mortels sur terre jouissent d'un tel bonheur. Seulement... seulement, je ne puis vous laisser entrer, maintenant surtout que votre personne m'est devenue chère; je craindrais de l'exposer à quelque danger au milieu des décombres...

— Hé! peu m'importe !...

— Il m'importe beaucoup, et d'ailleurs, je vous l'ai dit, ma consigne est formelle. »

Le journaliste grec se présente à son tour, et très simplement fait glisser dans la main du lieutenant une de ces pièces turques qui valent environ cinq francs et portent au recto de nombreux hiéroglyphes, formant une vague silhouette de main, « la main du prophète, » disent les musulmans. L'officier empoche la pièce et s'efface devant la porte avec ces seuls mots :

« Passez, monsieur ! »

On conçoit l'indignation de l'Allemand; il se hâte de débourser un disque d'argent semblable à celui de son confrère et le place à côté du sauf-conduit en criant d'une voix étranglée par la fureur :

« Veuillez me dire laquelle de ces deux pièces a le plus de valeur.

— C'est évidemment celle-ci, répond l'aimable militaire en désignant la pièce de monnaie. L'autre, il est vrai, est marquée de la griffe du vizir; mais celle-ci est marquée de la griffe de Mahomet. Quelque grand que soit le vizir, le prophète est encore au-dessus de lui... »

CHIO. — Sur la grande place.

Et, convaincu par la logique rigoureuse de ce raisonnement, l'Allemand donna le laissez-passer signé Mahomet.

... Les portes franchies, on se trouve en plein bazar. Le bazar de Chio, comme tous ceux d'Orient, présente un labyrinthe de rues étroites où, suivant l'expression de Paul Arène, « l'ombre et le soleil vont par bandes et se suivent sans se mêler comme le vinaigre et l'huile dans l'unique burette d'un pauvre homme. » Sous les auvents sombres de leurs boutiques, les marchands trônent au milieu des arbres, des étoffes, des babouches, des pipes, des articles de sellerie et de maroquinerie. Devant les boutiques des potiers sont alignées des cruches de terre vernissée d'une coloration chaude, d'un dessin à la fois simple et joli. Les artisans qui les ont façonnées sont parvenus à faire, rien qu'en suivant leur goût naturel et les prescriptions d'esthétique locale, ce que les raffinés de l'art nouveau ne font qu'au prix de longues recherches. Et ces terrines, ces coupes, ces aiguières de quelques centimes destinées aux besoins les plus prosaïques du ménage, ne seraient pas déplacées dans ces expositions modernistes qui ont la vogue à l'heure actuelle.

La plupart des ruelles viennent aboutir à une vaste place ornée d'une fontaine, d'une mosquée et d'une caserne où des artilleurs, coiffés, malgré la température, du haut bonnet d'astrakan, bâillent étendus paresseusement sur les affûts de canon. Dans l'ombre violette des grands murs, de vieux mendiants sont accroupis, repliés sur eux-mêmes et pareils à d'informes paquets de haillons. Seul, au milieu de la place ensoleillée, passe en courant un gros nègre, fantoche rutilant et grotesque avec son énorme turban, sa robe jaune et sa tunique de satin rose.

A cette heure de la journée, Chio ne présente pas l'image d'une cité commerciale fort animée; tout se tait, tout sommeille dans la grande paix de midi. On n'entend

Chio. — Un vieux savetier.

que le bourdonnement de mirliton des moustiques ivres de chaleur, et de temps en temps le braiement sonore d'un des petits ânes chargés d'oranges que l'on mène boire à la fontaine. Coïncidence étrange, toutes les fois qu'en Orient j'ai eu l'occasion d'entendre braire un âne, il s'est trouvé près de moi un Grec pour me dire en clignant de l'œil avec un air très fin :

« C'est le muezzin qui appelle les fidèles à la prière. »

Cette plaisanterie anodine, mais séculaire, fait les délices des orthodoxes en raillant à la fois la profonde ignorance et l'organe désagréablement nasillard des prêtres musulmans.

Après avoir passé en revue toutes les distractions de l'île, promené ma flânerie dans les rues du bazar et visité les faubourgs, où les maisons détruites par les tremblements de terre dressent leurs ruines branlantes, des pans de mur vétustes qu'assiègent les plantes parasites, je reviens au café du débarcadère. Le « Tout-Chio » se trouve réuni là, fumant le narghilé, buvant du mastic ou croquant des olives sur une terrasse ombragée qui domine la rade entière. L'éclatante lumière fait flamboyer les toits rouges de la ville et en rosit les murailles. Avec un clapotis léger comme un murmure, les bateaux de pêche se balancent sur leurs amarres, tandis que le reflet de leurs voiles fauves fait courir dans l'eau des frissons d'or...

Après avoir doublé la pointe extrême de l'île de Chio, nous rentrons dans les eaux grecques. Au sud apparaît Samos, île autonome gouvernée par un prince indépendant mais tributaire de la Porte, situation peu nette qui provoque de temps en temps chez les Samiens des velléités de révolte.

A Andros, nous stationnons le temps nécessaire pour permettre aux douaniers et aux contrebandiers de venir, dans une même barque, faire une courte visite à bord; puis nous mettons le cap sur Tinos. Là du moins nous pouvons débarquer. Nous traversons la ville à la hâte, pour nous rendre à la fameuse église de la Panaghia-Evanghelistria. C'est un vaste édifice d'un blanc de stuc, avec de larges cours ornées de fontaines en forme de ciboires ombragées, de cyprès et de palmiers. Des enfants y jouent avec des piaillements de moineaux, et parfois de vieux pappas à barbe blanche passent au milieu d'eux souriants et bénévoles, le geste bénisseur. Nous allons visiter dans une chapelle sombre, qu'éclairent à peine de clignotantes petites lampes d'or, l'image miraculeuse de la Vierge, découverte en 1822, et attribuée à saint Luc; elle est si vieille, que les figures de Marie et de Jésus ne paraissent plus que deux taches noires dans leur encadrement de pierreries. La Panaghia de Tinos est célèbre en Grèce par ses nombreux miracles. Au milieu des icônes sont suspendues des guirlandes d'ex-voto, des dents, des effigies en métal doré, des réductions de navires, etc. Une fois par an, trois semaines avant Pâques, trente ou quarante mille pèlerins accourent de tous les coins de l'Orient et viennent camper autour de l'église. Foule bariolée, cohue à la fois horrible et superbe de malades, de lépreux et d'infirmes. Il faut entendre, paraît-il, avec quel furieux élan de piété, pendant la veillée sainte, s'élèvent les psalmodies et les prières! Il faut voir avec quelle ardeur, le lendemain de la fête, le peuple enthousiaste se presse et s'écrase pour baiser les vêtements des chrétiens miraculeusement guéris!...

Syra, également connue maintenant sous le nom d'Hermopolis, couvre de ses maisons claires trois collines en forme de cônes. Les murailles sont peintes en bleu d'azur, en rose, en ocre jaune coupées par la tache vert pâle des volets, toutes couleurs gaies sous le grand flamboiement du soleil; le long des rues en escalier, les ânes des laitiers et des porteurs d'eau égrènent leur concert de clo-

Syra. — Page d'album.

chettes. Dans le port se pressent des tartanes, des traba-
colos, des caïques de formes antiques mais gracieuses,
avec des carènes décorées de violents bariolages, des
proues bizarres, véritables têtes de poupées aux joues
écarlates et aux yeux candides. Des mouettes blanches
volent, se poursuivent, virevoltent avec de petits cris,
tantôt griffant la vague et tantôt planant bien haut dans
le ciel.

Sur les quais étroits de la marine, les poissonniers
étalent, derrière leurs grandes balances chargées de
disques en guise de poids, le produit des dernières
pêches : poissons-perroquets aux teintes arlequines,
pieuvres nacrées, anguilles et sèches. A la porte des cafés,
des sybarites, les yeux voluptueusement clos, fument le
narghilé, le visage à l'ombre et les pieds au soleil, en se
laissant bercer par le bruit régulier des lames qui se
brisent contre le môle.

Il y a quelques années, Syra était le premier port de
la Grèce, le récent développement du Pirée l'a fait
passer au second rang; cependant elle est restée active et
prospère, comme il convient à une ville placée sous le
vocable de Mercure.

« On se sent ici, dit Gaston Deschamps, en présence
d'une jeunesse pleine de sève et de promesses. L'élan vers
le progrès, la foi dans l'avenir, sont visibles. Si l'on com-
pare cette résurrection rapide au délabrement des villes
turques, on se dit que seul ce peuple alerte et patient
est capable de rendre à l'Orient un peu de ressort et
d'espoir. »

A Syra, cette marche du progrès a peut-être été trop

rapide aux yeux d'un artiste. Le dimanche, le concert n'attire, à l'ombre des palmiers de l'hôtel de ville, qu'une foule banale ou trop élégante; personne ne porte le costume national, si ce n'est le Canaris en marbre, fièrement dressé au centre de la place. Il est vrai que sur la Marine même j'ai pu voir encore quelques-uns de ces intrépides loups de mer, anciens pêcheurs ou anciens pirates, souvent les deux à la fois, qui portent encore, comme Canaris, les braies bouffantes et le haut bonnet. Ils ont beaucoup roulé, beaucoup vu, beaucoup retenu, et ne manquent pas d'excellentes histoires à conter. L'un d'eux, tout fier d'avoir voyagé en France, s'est approché de moi pour me dire qu'il avait intimement connu Félix Faure autrefois; il me chargeait de l'embrasser (φιλεῖν [1]) de sa part. Il est fâcheux que je n'aie pas encore trouvé l'occasion favorable pour m'acquitter de cette commission.

De quelles prouesses ne sont-ils pas capables, ces vieux pilotes des Cyclades? Tandis que nous naviguons au milieu des îles Siphnos, Sériphos, Paros, Milo, je vois leurs légères tartanes filer rapides comme des alcyons, les grandes voiles triangulaires inclinées sous le vent et l'avant coupant le flot presque sans écume. Ce sont bien eux les vrais maîtres de l'Archipel.

Vers les derniers mois de 1896, le gouverneur de Crète avait cru s'apercevoir que des bâtiments de pêche venaient débarquer secrètement sur plusieurs points de

---

[1] Le verbe φιλεῖν signifie à la fois *aimer* et *embrasser*. Dans le langage courant, il est surtout employé dans ce dernier sens.

la côte des approvisionnements et des armes; il en avisa le sultan, qui envoya le moins mauvais de ses torpilleurs avec ordre de croiser autour de l'île et d'arrêter les bâtiments suspects.

Un beau jour ou une belle nuit, l'histoire ne précise pas, le capitaine remarqua une tartane dont les allures mystérieuses éveillèrent ses soupçons; il la poursuivit, l'aborda, s'assura qu'elle contenait des munitions pour les Crétois et se mit en devoir de la capturer. Que se passa-t-il alors? Il est assez difficile de l'expliquer; les Turcs furent pris par ceux-là même qu'ils pensaient prendre, et après un combat de quelques instants la tartane cinglait vers le Pirée, en tirant à sa suite le torpilleur. Spectacle à coup sûr assez rare : un bâtiment de guerre prisonnier d'un voilier, la marine du passé tirant à la remorque la marine de l'avenir !

Quand la nouvelle parvint aux oreilles du sultan, il protesta avec indignation; mais les Hellènes sans s'émouvoir firent repeindre le navire capturé, et la marine grecque compta un torpilleur de plus.

XI

Arrivée à la Canée. — La Crète autrefois et aujourd'hui. —
L'insurrection crétoise.

Devant nous s'arrondit la baie de la Canée, puis la ville apparaît : des maisons à façades irrégulières et à balcons surplombants, les coupoles jumelles des mosquées, des minarets blancs, une citadelle noire. Le regard se perd à l'est dans la direction d'Halepa, sur ses faubourgs égayés de jardins qu'habitent ordinairement les consuls et les notables. Comme toile de fond, l'immensité neigeuse des Monts Blancs, dont les profils s'accusent nets, presque trop durs, dans la transparence du ciel.

Quand la guerre ne vient pas clore les boutiques, laissant seuls ouverts les magasins de cercueils, l'entrée de la ville présente une grande animation : des embarcations évoluent dans le port; les quais voient défiler des Arabes en burnous, des ouvriers soudanais ou touaregs, des soldats albanais qui se promènent à petits pas en affectant, avec leur haute coiffure et leur fusil sur l'épaule,

La Canée.

12

des allures de Robinson Crusoé; beaucoup de nègres remuants, agités, criards, et de charmants négrillons aux allures simiesques. Devant les cafés se tiennent de jeunes Turcs, la taille serrée dans la stambouline noire, la tête moulée dans le fez classique en forme de pot à fleurs renversé.

La Crète comptait autrefois cent villes, elle n'en possède aujourd'hui que trois dignes de ce nom : la Canée, Candie ou Heracleion, Retimo; encore ne sont-elles pas à proprement parler crétoises. Retimo offre le véritable type des vieilles cités ottomanes, et Candie, comme la Canée, semble mi-turque, mi-vénitienne : turque par ses mosquées, ses minarets, ses bazars; vénitienne par ses fortifications, ses fontaines, les voûtes de son fort, creusées jadis pour abriter les galères de la république. « D'ailleurs toutes ces villes servent de résidence principale à la population musulmane, qui tend de plus en plus à se concentrer dans les ports, où elle peut tenir tête aux chrétiens à l'abri des forteresses turques[1]. » Pour trouver des populations ayant conservé intact physiquement et moralement le type primitif crétois, il faut visiter les points les plus sauvages de l'île, entre autres Sphakia, sur la côte méridionale. On ne peut se rendre par terre à ce dernier village qu'en traversant les inextricables défilés d'Aïa-Kouméli et ceux de Xiloscala, où on doit franchir la montagne à l'aide d'échelles de bois. De tout temps Sphakia et le massif des Monts Blancs ont été le foyer où s'allumaient les insurrections et la cita-

---

[1] Deloncle, *la Question crétoise*, Revue encyclopédique.

delle où, sur le point d'être vaincus, elles trouvaient un refuge inexpugnable.

Sur le promontoire pauvre et rocheux d'Akrotiri, se trouve un autre berceau de patriotes. C'est là que tout dernièrement les chrétiens levèrent à la fois le drapeau de la révolte, blanc avec l'inscription : « L'union ou la mort! » et la bannière de deuil, décorée, suivant l'esthétique des pompes funèbres, de tibias d'argent sur fond noir. C'est là aussi que l'on vit de nombreux pappas jeter la robe monastique pour conduire des bandes d'insurgés contre les Turcs, tels Chrissantos, Joachim et ce fameux Papamalekos, que tous les journaux illustrés ont représenté brandissant d'une main un crucifix, de l'autre une carabine. Des fusils furent distribués à tous les habitants, même aux enfants de douze ans à peine...

L'origine de l'histoire de la Crète se confond avec la mythologie. Qui ne connaît les légendes de Jupiter enfant, d'Ariane, du Minotaure et de la princesse Europe? Le mont Ida fut le théâtre où le jouvenceau Pâris, berger de son état, jugea les trois déesses pour le plus grand malheur de Troie et la plus grande mortification de nos jeunes compatriotes, forcés de savourer à coups de dictionnaire les merveilles de l'*Iliade* et de l'*Énéide*. Aujourd'hui des débats moins frivoles qu'un concours de beauté occupent les habitants de l'île. Les dieux ne vivent même plus dans le souvenir des bergers de l'Ida; seule la pomme de la discorde est demeurée, fatale réalité, dans l'héritage des Crétois.

Est-il un peuple au monde qui possède une histoire

aussi longue? qui, par le fait même, ait été aussi malheureux? La plus grande et la plus belle des îles grecques,
située en quelque sorte au cœur de l'ancien monde,
devait nécessairement exciter les convoitises de toutes les

Paysan crétois.

nations. Nous voyons d'abord la Crète romaine et chris-
tianisée par saint Paul, puis soumise à l'autorité des
empereurs de Constantinople, prise par les Sarrasins,
reprise par les Byzantins, cédée après le dénombrement
de l'empire à la république de Venise. Les Turcs viennent
à leur tour mettre le siège devant Candie. Malgré les
secours envoyés à diverses reprises par Louis XIV avec La

Feuillade et le duc de Beaufort, la ville tombe entre leurs mains, et la Crète passe sous la domination de l'islam.

« Désormais, dit M. Deloncle, isolée du reste de la chrétienté, oubliée et abandonnée à son sort, livrée par le fait de la conquête à un régime agraire ruineux, vivant complètement en dehors de la civilisation, la Crète forma comme une tache noire sur la carte de la Méditerranée.

« Nous n'avons pas de documents complets sur la domination des pachas ou des aghas; mais nous savons par les voyageurs qui visitèrent l'île au xviie et au xviiie siècle combien, malgré la configuration du pays et la manière dont la population y est distribuée, les Turcs dans les riches plaines des bords de la mer et des vallées, les chrétiens dans les montagnes et sur les plateaux, ces derniers eurent à souffrir des violences, des exactions et des pillages de leurs insatiables vainqueurs.

« De temps à autre une insurrection, — cri de désespoir bientôt étouffé dans le sang, — rappelait au monde qu'il y avait là, comme dans les péninsules balkanique et hellénique, un petit peuple qui agonisait; puis tout retombait dans le silence jusqu'à ce qu'une autre génération, lasse de souffrir, tentât un nouvel effort également impuissant.

« Aussi le peu que nous savons de l'histoire de la population crétoise sous la domination ottomane se confond-il avec le douloureux récit de ses insurrections répétées. » Remarquons qu'après chacune d'elles, — l'on en compte sept jusqu'en 1889, — le sultan promit des réformes et se garda de les exécuter. Bien plus, après le soulèvement de 1889, cruellement réprimé par Chakir-

Pacha, Abdul-Hamid restreignit dans un iradé impérial les privilèges et les immunités que les Crétois devaient au règlement organique de 1868 et au pacte d'Halepa de 1878. L'assemblée générale en fut plus convoquée, et le pouvoir, qui depuis plusieurs années était aux mains des sujets chrétiens, passa dans celles de gouverneurs militaires musulmans. Sans vouloir écouter les sages propositions de l'Épitropie au conseil de réforme, la Porte envoya Abdul-Pacha avec des troupes nombreuses pour mettre les mécontents à la raison. A ce moment l'Europe intervint, elle rédigea un projet de constitution qui fut approuvé et par l'Épitropie et par le sultan; puis elle organisa dans l'île une gendarmerie internationale. En même temps un Albanais de religion grecque, Bérovic-Pacha, se voyait donner le titre de gouverneur. C'était là, semblait-il, le dernier chapitre de l'histoire, et la Crète allait pouvoir être heureuse comme le bon jeune homme et la belle jeune fille à la fin des romans honnêtes. Douce illusion! Tandis que la réunion des Pandores de toutes les nations, anglais, belges, hollandais, français, italiens, slaves surtout et monténégrins, devenait entre les puissances une source de jalousie, de froissements, de vexations, les beys, désireux de se montrer agréables au sultan, entretenaient l'agitation parmi les musulmans pour retarder l'exécution des réformes. Des rixes éclataient à Candie le 28 janvier 1897, à la Canée le 4 février, et des soldats turcs incendiaient la ville.

Jusqu'à cette époque, la Grèce était encore demeurée assez calme, sans prévoir les graves événements qui allaient se dérouler. Le roi Georges, Skousez ministre des affaires étrangères, et Delyannis président du conseil, semblaient conserver quelque espoir dans l'intervention de ces messieurs « de la carrière ». Les puissances avaient d'ailleurs envoyé dans les eaux crétoises quelques bâtiments de guerre.

Cependant la situation devenait chaque jour plus tendue; les musulmans de Retimo et de Candie prenaient les armes, les chrétiens étaient menacés non seulement dans leurs biens, mais dans leur vie. Continuellement des réfugiés débarquaient en Grèce. Misérables, affamés, dénués de tout, ils racontaient à leurs frères libres les souffrances qu'ils avaient endurées et les cruautés des Turcs. Ces récits ne manquaient pas d'exciter le sentiment national en même temps que le vieux levain de haine contre les musulmans, qui subsiste toujours dans le cœur des Hellènes. Leur indignation était montée à son paroxysme, et ils craignaient « de voir la Crète transformée en une seconde Arménie ». Comme ce que l'on a depuis appelé l'impuissance des puissances était déjà manifestement visible, le gouvernement grec résolut d'agir et décida que le prince Georges partirait pour la Crète avec six torpilleurs. On juge avec quel enthousiasme fut accueillie cette nouvelle. « Toute la population athénienne, me racontait un témoin oculaire, voulut assister à l'embarquement du prince. Le train du Pirée fut pris d'assaut en quelques minutes par des centaines de voyageurs. Tous ceux qui n'avaient pas trouvé de place donnaient jusqu'à cent ou cent cinquante drachmes à des landaus de louage, pour les conduire au triple galop, par la grande route, jusqu'au port même. Les quais étaient noirs de monde,

Croquis crétois.

et des jeunes gens, dans l'enivrement de leur joie, tiraient en l'air des coups de pistolet... Les détonations se suivaient sans interruption, c'était un brouhaha indescriptible. »

Le roi Georges avait eu soin d'annoncer que le départ des torpilleurs ne devait pas être considéré comme une mesure agressive contre la Turquie; il s'engageait à les rappeler aussitôt l'ordre rétabli. Cependant les puissances ordonnèrent à leurs amiraux de s'opposer au débarquement du prince. La flotte internationale devant la Canée se composait alors de vingt-cinq navires. Elle allait bientôt s'accroître encore. Les forces réunies des puissances devaient présenter un ensemble de quarante cuirassés, croiseurs ou avisos, dont quinze anglais, huit russes, sept italiens, six français, trois autrichiens et un allemand, le tout sous la haute direction du vice-amiral italien Canevaro, le plus ancien officier de la flotte.

Après le 11 février, les événements se succèdent avec une grande rapidité. Le 12, Bérovic-Pacha, impuissant à rétablir l'ordre, donne sa démission et s'embarque pour Corfou. Le 13, commence autour de la Canée un combat qui se poursuit sans trêve jusqu'au 14. Le lendemain, le colonel Vassos, débarqué à Platania avec deux mille hommes de troupes régulières, déclare dans une proclamation au peuple crétois prendre possession de l'île au nom du roi de Grèce. Ébahissement de l'Europe. Indignation des puissances. Ce coup d'audace est traité de folie. L'empereur d'Allemagne ne propose rien moins que de bloquer le Pirée; mais les amiraux reçoivent seulement de leurs gouvernements respectifs l'ordre de faire occuper par des détachements mixtes les principaux ports de l'île, la Canée, Candie, Retimo, Sitia.

Il est prescrit que toute attaque contre ces places sera repoussée par la force. Les marins se cantonnent donc, le plus confortablement possible, dans les villes désignées, et sur la citadelle de la Canée flottent les pavillons des six puissances.

En cette occasion nous avons pu apprécier une fois de plus la merveilleuse aptitude qu'ont les Anglais pour s'acclimater partout où ils viennent se poser, que ce soit dans l'Oberland, aux grandes Indes ou en Crète, sans jamais rien changer à leur habituelle manière de vivre. Les jeunes officiers de la marine royale britannique avaient eu soin d'apporter dans leurs bagages tout ce qu'il fallait pour se livrer à leurs sports favoris, bass-ball et cricket, et bien qu'ils n'aient trouvé comme emplacement favorable qu'un terrain vague situé le long des quais de la Canée et se terminant brusquement sur la mer, ils passaient là de longues journées à jouer. Plusieurs servants étaient postés, debout dans l'eau jusqu'à mi-corps, pour renvoyer les balles égarées de leur côté. Ce jeu, rapporte le *Graphic*, égayait fort les soldats turcs.

Tandis que Turcs et Crétois échangeaient des balles de plomb, midshipmen et aspirants des balles de caoutchouc, l'embarras était grand en Europe dans les cabinets des ministres. Le téléphone fonctionnait sans interruption, les télégraphistes étaient sur les dents; de bureau en bureau cette question était renvoyée comme un volant sur une raquette : Quel parti prendre? Donner la Crète à la Grèce, puisque la Grèce veut la Crète, puisque la

Crète veut être à la Grèce, puisque Grèce et Crète s'entendent, puisque la Grèce sans la Crète et la Crète sans la Grèce ne seraient pas heureuses, puisque les habitants des deux pays sont de même race et de même religion? c'est porter atteinte à ce fameux principe de l'intégrité de l'empire ottoman, que l'on défend toujours, tout en ne cessant de le violer; c'est encourager à la révolte les populations de la Macédoine, des îles turques, de toutes les provinces soumises à l'empire. Maintenir la Crète sous le joug de la Turquie? c'est entretenir un perpétuel foyer de guerre et d'incendie qui peut également faire naître, tôt ou tard, une conflagration générale.

Après réflexion, les puissances s'avisèrent de proposer l'autonomie de l'île avec le gouvernement d'un prince chrétien, sous la suzeraineté du sultan. Nul doute que cette proposition, à l'origine des troubles, n'eût recueilli tous les suffrages; mais il était trop tard pour la faire. Déjà Vassos, rejoint par mille réguliers, avait occupé aux environs de la Canée Agia et Boucolion; avec le concours de cinq mille insurgés, il remportait chaque jour sur les Turcs de nombreux avantages. Dans ces conditions, la simple autonomie ne pouvait satisfaire l'ambition des Grecs et des Crétois. Ils croyaient pouvoir réclamer librement l'annexion de l'île au royaume hellénique.

Le 21 février, les insurgés s'étant avancés, en repoussant une sortie des Turcs, jusque dans les faubourgs de la Canée, l'amiral Canevaro donne l'ordre de bombarder la ville. Nos cuirassés par bonheur s'abstiennent de tirer; si des boulets manquent d'incendier la mission catholique, où les sœurs Saint-Joseph travaillent avec tant de dévouement à faire aimer notre pays, ce ne sont pas du moins des boulets français.

Quelques jours après ce bombardement, qui provoque en Grèce et chez les philhellènes de tous les pays des protestations indignées, Canevaro fait occuper la baie de la Sude et toute la vallée comprise entre l'Akrotiri et la Canée. Mais les Crétois, dont les rangs sont grossis par de nombreux volontaires athéniens, cernent Candie et s'avancent en vainqueurs dans le district de Sélino.

De Paris à Saint-Pétersbourg, de Londres à Vienne, de Rome à Berlin, les pourparlers continuent; l'accord des puissances est enfin proclamé, et deux notes sont remises simultanément aux gouvernements grec et turc par les six ambassadeurs : « Vu les retards apportés par la Turquie à l'application des réformes arrêtées avec elles, les puissances sont résolues, tout en maintenant l'intégrité de l'empire ottoman, à doter la Crète d'un régime d'autonomie absolument effectif, destiné à lui accorder un gouvernement séparé sous la suzeraineté du sultan; » la Grèce est invitée à retirer ses troupes dans un délai de six jours, la Turquie devra peu après le retrait des troupes grecques concentrer les siennes dans les places fortes.

Comme il était prévu, le gouvernement hellénique n'hésita pas à répondre, en termes d'ailleurs très mesurés, que l'établissement de l'autonomie ne peut suffire à rétablir l'ordre; qu'elle se voit donc empêchée de rappeler le corps expéditionnaire. « Notre devoir nous impose de ne pas abandonner le peuple crétois à la merci du fanatisme musulman et de l'armée turque, laquelle, de tout temps, a participé sciemment aux actes d'agression de la populace contre les chrétiens. » Cette note se termine par le vœu que les troupes grecques soient choisies pour pacifier l'île, et qu'une fois le calme revenu, les Crétois soient appelés à prononcer librement sur leur sort.

Restant sourdes à ce vœu, les puissances proclament l'autonomie de la Crète, déclarent que le blocus sera établi à partir du 21 mars, et envoient chacune à leurs amiraux six cents hommes de renfort.

La Canée, Retimo, Hiérapétra, Malaxa, Kisamo, Sitia, Spinalonga, reçoivent des détachements de soldats autrichiens, italiens et russes, des *marsouins* français, jusqu'à des highlanders en jupon court précédés de leur bag-piper jouant des marches écossaises. Ces dispositions n'empêchent point les Crétois de refouler les Turcs sur les quelques forts de la côte; ils sont maîtres de tout l'intérieur de l'île; mais pour la seconde fois, le 25 mars, la flotte internationale les canonne au moment où ils assiègent le blockaus de Malaxa dans la région neutre.

L'occupation des forts de Malaxa et de Boutrounarion par les détachements mixtes pourrait être considérée comme le dernier événement de la phase crétoise des hostilités, car la guerre allait changer de théâtre. Depuis quelque temps déjà la Grèce et la Turquie poussaient avec une activité fiévreuse les préparatifs de guerre. A la frontière deux armées se trouvaient en présence, si rapprochées que leurs avant-postes se touchaient presque. Un choc était imminent. Le 10 avril, un premier engagement se produisait entre les troupes irrégulières helléniques et turques, et l'attention de l'Europe, détachée de la Crète, se reportait tout entière sur l'Épire et la Thessalie.

Pourtant la lutte allait se poursuivre ardente autour d'Heracleion en feu et sur plusieurs points de l'île; le rappel même des troupes grecques ne devait point abattre le courage des insurgés : « Jamais nous ne consentirons, disaient-ils, à mettre bas les armes, tant qu'un soldat turc restera en Crète. Au nom du Père, du Fils, du Saint-Esprit, et de l'Etniky Hetairia (alliance nationale)! »

XII

Le 18 avril, à la suite de plusieurs incidents de frontières (Baltino, poste du Prophète-Élie), la guerre est
déclarée entre la Grèce et la Turquie. Les deux nations
s'accusent mutuellement d'avoir commencé les hostilités,
et rejettent l'une sur l'autre avec un superbe entêtement
les responsabilités de la guerre. Il est certain que toutes
deux, depuis longtemps déjà, attendaient avec impatience
le moindre prétexte pour engager la lutte. Il est certain
aussi qu'on n'a jamais su de quel camp, sur la frontière
thessalienne, étaient partis les premiers coups de feu.
Mais en Épire la provocation des Turcs paraît clairement établie.

Le golfe Ambracique ou d'Arta, qui sépare l'Épire de
l'Acarnanie, ne communique avec la mer que par un
étroit passage commandé au nord par la forteresse turque
de Prévéza, au sud par la batterie grecque d'Actium;

quant à la ville d'Arta, elle ne se trouve pas sur le golfe même, mais dans l'intérieur des terres, sur les bords de l'Arachtos.

Pour rompre la monotonie de leur existence, les soldats de Prévéza s'avisent, le 18 avril, avant la déclaration de guerre, d'envoyer quelques boulets à un paisible paquebot de marine marchande, la *Macédonia,* appartenant à la compagnie panhellénique. Le capitaine de la *Macédonia* a la jambe emportée, et le bâtiment vient s'échouer sur la rive grecque; mais la revanche ne se fait pas attendre, la batterie d'Actium commence à canonner Prévéza avec le concours de l'escadre de l'ouest. Les hostilités sont engagées.

A cette époque le colonel Manos occupe la frontière d'Épire avec les deux brigades Doxos et Botzaris. Botzaris voudrait s'emparer du fort de l'Ismaret, situé en face d'Arta, de l'autre côté de l'Arachtos; mais il juge impossible le passage du fleuve en cet endroit, il en descend le cours pendant plusieurs kilomètres, le traverse sur un pont improvisé avec des tonneaux et des planches, puis remonte l'autre rive en livrant plusieurs combats jusqu'à l'Ismaret, qu'il attaque et dont il s'empare, soutenu par la forteresse d'Arta.

Après ce succès de Botzaris, Manos déploie ses troupes en éventail et fait occuper les moindres villages; un bataillon, commandé par le major Coumoundouros, entre dans la place de Pente-Pighadia (les cinq fontaines), avec d'autant plus de facilité que la garnison albanaise révoltée venait de la quitter pour aller à Janina demander un nouveau chef. Mais le lendemain l'ennemi, fort de six mille hommes, fait un retour offensif; au lieu de battre en retraite, les Grecs les attendent de pied ferme; ce n'est que la dernière cartouche brûlée, et après un terrible combat à l'arme blanche, qu'ils se retirent lentement.

Un capitaine tombe, et les Turcs s'élancent pour s'emparer de son corps; les Grecs font un effort héroïque, vingt-deux hommes succombent et s'entassent en pyramide sur le cadavre de leur chef. Le major Coumoundouros est blessé à ce moment, ses soldats l'emportent et parviennent enfin à se frayer un passage à travers les rangs ennemis.

Dès lors les Turcs ne cessent de marcher en avant. Les troupes de Manos se voient délogées de Caravanseraï, elles jettent leur artillerie dans les ravins et se replient d'abord en bon ordre. A la tombée de la nuit, la retraite se change en déroute. Vers trois heures du matin l'armée entière est rentrée dans Arta, le fort de l'Ismaret lui-même est évacué, il ne reste plus un seul soldat hellène sur la rive gauche de l'Arachtos.

Une accalmie assez longue succède à cette série de combats; les Turcs utilisent le mieux possible leurs loisirs en mettant toute la contrée à feu et à sang.

A la reprise des hostilités, l'armée grecque, avec le concours de la légion socialiste du colonel Berthet, composée de douze cents Italiens et de quelques Français, remporte quelques avantages[1] pour aboutir, après la victoire de Gribovo, à une seconde reculade.

Et pendant ce temps que se passe-t-il en Thessalie?

---

[1] Combats de Philippiadès, Nicopolis, Ismaret, etc.

Au début de la campagne, les forces grecques, déployées parallèlement à la frontière de Macédoine [1], prennent l'offensive et pénètrent en pays ennemi par cinq points différents. Ils s'emparent de Menexe et de Nézéros; mais bientôt les Turcs les refoulent et enlèvent à la baïonnette la passe de Mélouna. Le 23 avril, à la suite de combats acharnés [2] livrés à Mati, l'état-major du prince héritier décide, à la presque unanimité des voix, d'évacuer Tournavos, puis Larissa, pour gagner Pharsale, dont la position stratégique n'est pourtant pas des meilleures. Dans la nuit, une panique se produit dans la division Mastrapas, qui, trompée par le bruit de sa propre cavalerie, s'imagine être poursuivie par la cavalerie turque; c'est un véritable sauve-qui-peut.

La nouvelle de cette déroute provoque à Athènes une extrême agitation; le ministère Ralli remplace le ministère Delyannis, l'état-major du diadoque est dissous, et d'importants changements sont apportés dans le commandement de l'armée.

Pendant que les troupes du prince Constantin se concentrent à Pharsale, le colonel Smolenski passe de l'extrême gauche de la ligne de défense à l'extrême droite, à Valestino, où il essuie bravement plusieurs attaques vigoureuses. Après chacun de ces combats il harangue

---

[1] L'armée grecque se compose alors de deux divisions. La division Makris a son quartier général à Larissa. Une de ses brigades (Kalamatos) occupe le mont Olympe et le lac de Nézéro ; l'autre (Mastrapas) garde le col de Mélouna. La division Macromichalis a son quartier général à Trikalla. La brigade Dinopoulo est cantonnée près de Bougazi ; la brigade Smolenski près de Zarkos, à l'extrême gauche de la ligne.

[2] Combats de Damassi, Reverni, Saint-Georges, etc.

ses troupes à l'instar de Bonaparte, et envoie soit à Pharsale, soit à Athènes, de pompeux télégrammes : « Ma bri-

L'artillerie grecque devant Pharsale.

gade a vaincu l'ennemi. Dieu aide mes soldats, qui ont effacé dans le sang les défaites passées. »

On cite comme un des plus brillants épisodes de la guerre une charge de Circassiens, repoussés par les evzones de Smolenski. « C'était un magnifique spectacle, raconte un reporter, cette trombe de cavaliers asiatiques dressés sur leurs petits chevaux écumants, aux crinières flottant comme des drapeaux, les sabres courbes et les cartouchières accrochant des pointes de soleil au milieu des nuages de poudre, et tout ce flot de barbares tapageurs et fous venant s'émietter, s'effranger, se rompre devant les lignes des chasseurs grecs. Poussiéreux, les evzones, fatigués par les combats, affaiblis par les privations et les veilles, et cependant toujours coquets avec cette allure balancée, ce dandinement de danseuse que leur donne le jupon court et les souliers pointus. De vrais soldats à la d'Esparbès. »

A Pharsale, une bataille s'engage le 30 avril, et dure toute la nuit. Le prince héritier ne cesse de combattre au premier rang, ainsi que son frère le prince Nicolas, qui parvient à faire taire avec son artillerie plusieurs batteries ottomanes. Les troupes d'Edhem-Pacha sont repoussées, l'honneur des armes grecques est sauf. Il semble impossible toutefois de se maintenir dans Pharsale, et l'état-major n'hésite pas à commander la retraite sur Domokos. A ce moment les puissances croient pouvoir intervenir, elles offrent leur médiation à la Turquie et à la Grèce. Celle-ci n'aurait probablement pas voulu la demander elle-même, mais elle l'accepte avec dignité puisqu'on la lui propose. Quant à la Turquie, sous prétexte de fêtes religieuses, elle tarde à faire connaître sa réponse. Cet atermoiement permet aux hostilités de continuer, et le 17 mai quinze mille Grecs sont écrasés à Domokos par plus de quarante mille Ottomans. Cependant, après la cérémonie du Baïram, durant laquelle le sultan égorge très habilement et de sa propre main un petit agneau, — peut-être cet animal est-il grec ou arménien? — le gouvernement turc se décide à envoyer ses conditions [1]. Il refuse tout armistice, exige l'annexion de la Thessalie entière et réclame de plus une formidable indemnité [2].

Mais l'Europe, lasse enfin, n'entend plus répondre aux prétentions de la Porte. Sur la demande du tsar, l'armée turque doit interrompre sa marche en avant, tandis que les diplomates, à la suite de nouveaux pourparlers, reconnaissent l'autonomie de la Crète et accordent à l'empire ottoman, outre une insignifiante rectification de frontière, une indemnité de guerre, garantie par les puissances. Ainsi se termine, avec de vaines protestations de la part de la Turquie, le récit très résumé, très incomplet et cependant très aride, de cette guerre acharnée, qui a failli, de 1896 à 1897, mettre en feu l'Orient tout entier.

Nous sommes encore trop près des événements pour pouvoir les apprécier avec cette impartialité de jugement, cette largeur et cette netteté de vues que le recul du temps peut seul apporter à l'histoire. Nous pouvons seulement affirmer que si les Turcs et les Grecs ont dépensé une

---

[1] La réponse de la Turquie a été connue le 16 mai, c'est-à-dire la veille de la bataille de Domokos.

[2] On reconnaît ici la mauvaise foi habituelle d'Abdul-Hamid; moins d'un mois auparavant il déclarait, dans une circulaire aux puissances, ne nourrir aucune idée de conquête contre la Grèce.

égale dose de vaillance, le courage des uns, ne reposant que sur le fanatisme antichrétien et sur l'insouciance du fatalisme, n'est pas comparable à celui des autres, inspiré par le plus vif amour de la patrie. L'armée hellène en Thessalie a fait preuve d'une endurance peu commune. Pendant les trois jours consécutifs des combats de Mati, les hommes ont eu un seul pain comme nourriture, et l'on cite des troupes qui ont fait, en trente heures, quatre-vingt-dix kilomètres de route avec quelques galettes par soldat.

Les Grecs ont beaucoup de points de ressemblance avec les Français; on peut même dire qu'au point de vue de l'impressionnabilité, leur caractère est l'exagération du nôtre. Il faut voir dans ce point faible de leur psychologie la cause de cette effervescence générale, de cette excitation suraiguë et cependant prolongée, qui, pendant la durée de la guerre, a si fortement énervé le peuple hellène. Il explique aussi pourquoi on a pu voir les mêmes hommes marcher avec calme au-devant d'un danger réel et s'enfuir éperdus en présence de dangers imaginaires.

Les tacticiens reprochent aux officiers grecs d'avoir dispersé leurs forces, déjà si inférieures numériquement aux forces ennemies, au lieu de les concentrer sur les points stratégiques; ils les blâment surtout d'avoir manqué de plan précis en entrant en campagne. Peut-être les Turcs se seraient-ils exposés aux mêmes critiques, si des « hautement bien nés », généraux, colonels, commandants, n'avaient consenti à échanger le casque à pointe contre le fez, pour venir distribuer à leurs amis musulmans le trésor de leurs connaissances militaires.

En résumé, il n'y a pas lieu de s'étonner de voir la vaillante Grèce si facilement vaincue par les hordes ottomanes, si l'on songe que dans chaque rencontre les Turcs étaient deux ou trois fois plus nombreux, que vingt-cinq mille soldats grecs étaient bloqués en Crète par les escadres des puissances, et que pendant tout ce temps l'Allemagne expédiait, jour et nuit, des trains complets amenant aux Turcs des armes, des munitions et des officiers. Ne faut-il pas aussi tenir compte de la confusion apportée dans les armées de Thessalie et d'Épire par l'exode des populations terrifiées? Elles connaissaient la façon toute spéciale dont les musulmans entendent la guerre.

Les plus sauvages d'entre les sauvages de l'Afrique et de l'Amérique, les plus cruels d'entre les habitants du Céleste-Empire, sont égalés, sinon surpassés, par les soldats ottomans. Ils achèvent les blessés, pillent, brûlent, volent, mutilent ou supplicient les prisonniers. On les a vus, en Épire, faire marcher devant eux les femmes chrétiennes, dont ils se servaient comme d'un rempart pour empêcher les ennemis de répondre à leur fusillade. Les grandes manœuvres d'Arménie les avaient sans doute merveilleusement préparés à la campagne de Grèce.

Comment expliquer après cela que l'opinion de l'Europe ait été si longtemps pour la Turquie contre la Grèce, pour la force brutale contre la faiblesse intelligente et brave, s'entêtant à traiter de folie l'audace exaspérée de ce petit peuple qui, pour une idée, voulait lutter jusqu'à la mort! « Restons neutres, gardons-nous de la politique de sentiment, » disaient les gens raisonnables. Seuls les jeunes et les toujours jeunes, les étudiants, les poètes, les littérateurs, les artistes, tous ceux qui ont encore place dans leur cœur pour ces sentiments chevaleresques que l'on traite de surannés, se sentaient transportés d'enthousiasme devant un tel exemple de patriotisme et de vaillance.

Un grand nombre d'étudiants français allèrent s'enrôler sous la bannière blanche et bleue, pendant que, toute passion politique écartée, des écrivains de talent, Coppée, Drumont, Rochefort, Rostand, Millevoye, Bérard, Psichari, Ogier d'Ivry et tant d'autres, dont la réputation est consacrée, mettaient leur plume au service des Hellènes, suppliant la France de se rappeler que « la force prime le droit » est la devise de l'Allemagne et non pas la sienne propre.

Lorsque, après avoir quitté la Crète, je m'embarquai au Pirée pour revenir en France, je vis dès mon arrivée sur le bateau un interwiewer se précipiter sur moi et me demander à brûle-pourpoint :

« Que pensez-vous de la question d'Orient? »

Je ne sus que lui répondre. Si quelqu'un venait encore aujourd'hui m'interroger à ce sujet, mon embarras serait le même. Elle est si touffue, cette fameuse question, elle entraîne de si longs développements et de si complexes discussions, qu'on hésite à l'aborder. Et puis, n'est-ce pas là une tapisserie de Pénélope toujours à refaire, jamais achevée? La question d'Orient sera-t-elle bientôt conclue?

Le sera-t-elle un jour? On se le demande. Que ne peut-on la résoudre à la façon du capitaine Cap, le célèbre ami du non moins célèbre Alphonse Allais, qui un soir, dans je ne sais quel bar, laissait tomber de ses lèvres ces paroles mémorables :

« D'où proviennent, dans le problème de l'équilibre européen, les plus grosses difficultés? des Balkans. Et encore? des Dardanelles. Eh bien! je prends les Balkans et je les f... dans les Dardanelles. »

Pour rentrer dans la note sérieuse, je me permettrai de citer ici un jeune orateur de la conférence Molé-Tocqueville, M. de l'Église, qui, dans son discours du 5 mars 1897, me semble avoir résumé très clairement les rapports actuels de la Turquie avec les autres puissances.

« La question d'Orient se compose de deux données : 1º partage de l'empire turc; 2º réformes intérieures de cet empire à l'égard des populations chrétiennes. Or on ne peut résoudre la seconde partie du problème sans la première. Pour y parvenir, il faudrait que le Turc musulman fût assimilable au chrétien; il n'en est rien : de par sa religion il traitera toujours comme des esclaves ces vaincus soumis à lui depuis des siècles. La force seule, en brisant son pouvoir, pourra l'en empêcher.

« Mais la force, aucune puissance ne veut l'employer. Chacune se défie de ses voisines, qui toutes se défient d'elle. Nourissant toutes des convoitises sur les dépouilles de l'empire turc, elles craignent toutes de les voir exécutées par d'autres. Elles se contentent d'imposer de temps en temps de vagues réformes, jamais exécutées, parce qu'elles ne peuvent tenir la main à leur application.

« Dans les événements d'Arménie cependant, elles pouvaient toutes agir d'accord, car elles étaient insultées ensemble. Par l'article 61 du traité de Berlin, le sultan s'engageait : à l'amélioration du sort des populations arméniennes, à les garantir contre les Circassiens et les Kurdes, et enfin à rendre compte périodiquement à l'Europe des mesures prises dans ce but. »

Or, pendant que l'on massacrait en Arménie, la France, protectrice séculaire des chrétiens d'Orient, signataire des premières capitulations avec les sultans, ne bougea pas. Quelques mois plus tard, les Crétois se levaient pour reconquérir leur indépendance, les Grecs tentaient de secourir leurs frères opprimés : la France, la grande émancipatrice des peuples, ne bougea pas encore.

Sans doute il n'est point permis aux « philistins », aux ignorants en la matière, de porter un jugement trop sévère sur la diplomatie française; sa conduite semblait dictée par tant de graves considérations : la méfiance toujours éveillée par la politique britannique, la crainte de s'aliéner les bonnes grâces de notre puissant allié de Saint-Pétersbourg, la préoccupation constante, depuis 1870, de veiller sur la frontière de l'Est et d'éviter un conflit européen. Et puis, il faut bien le dire, certains financiers n'avaient pas eu le temps d'écouler leur provision de bons turcs, la chute du sultan eût empêché de s'en servir comme d'un instrument de spéculation. Et les financiers sont les rois du jour.

« Quoi qu'il en soit, conclut M. de l'Église, je ne sais rien de plus douloureux que le spectacle auquel nous avons assisté : l'abandon en Orient de droits et de devoirs sacrés; l'emploi de la force contre un petit pays qui se contentait de réclamer une partie intégrante de lui-même. Que la Grèce se console. On recevait dernièrement un académicien, dont l'œuvre la plus belle consiste à nous retracer les efforts de Charles-Albert et de l'Italie en 1848. Ces efforts furent vains; mais, onze ans plus tard, d'autres reprenaient la tâche et l'accomplissaient.

« La Grèce nous donnera le même exemple. Vaincue aujourd'hui, elle triomphera demain avec le droit des peuples. » Nul doute que, le jour de son triomphe, les meilleurs Français de France ne se réjouissent avec elle.

FIN

TABLE

27298. — Tours, impr. Mame.

9 782019 911362